多视角下的北京胡同

BEIJING HUTONG

DUOSHIJIAO XIADE

魏光奇 主编
丁海秀 执行主编
郗志群 顾问
王越 审定

北京·旅游教育出版社

多媒体资源

《多视角下的北京胡同》
编委会

顾　　问：首都师范大学教授、博士生导师，北京史研究会副会长　郗志群
主　　编：首都师范大学教授、博士生导师　魏光奇
执行主编：副编审，视觉中国等多家图片网站签约摄影师　丁海秀
审　　订：原北京地理学会秘书长　王　越
摄　　影：丁海秀　视觉中国　全景图片　FOTOE　王　越

视频、音频制作
北京导游协会

秘 书 长：李　健
优秀导游讲者：（按汉语拼音首字母排序）
　　　　　曹　震　陈硕烁　崔　岩　韩大庆　姜　伟　李　芃　李戎北
　　　　　宋铁刚　宋　钰　伍　晶　张成松　张芙蓉　张明月　赵东勋

前　言

　　胡同是北京城的重要组成部分，它伴随着北京3000多年的建城史和860多年的建都史，演绎了老北京人生活方式独有的"京味"特色。明清北京城是我国历代都城的最后结晶，它是在元大都和金中都城的基础上，按照封建礼制秩序，以《周礼·考工记》所提出的营建国都的理想模式规划建设而成的。设计者在中华民族传统的"天人合一"理念指导下，让象征封建国家最高权力的紫禁城（今故宫）位居北京城的中心位置，然后以皇城、内城、外城为标志，形成层层拱卫之势，再以"中轴突出，两翼对称"为原则统领全城。其周围则以由街巷、胡同编织而成的供千千万万户居民居住的，大面积低矮而呈灰色的四合院，烘托着雄伟高大而金碧辉煌的紫禁城，构成了一个不可分割的有机整体。这正是我国古代的规划大师们以极其宏大的气魄和手笔表达"普天之下，唯我独尊""王权至上"主题的绝妙手法。丹麦的建筑和规划师瑞思穆森（Steen Eiler Rasumussem）称颂道："整个北京城乃是世界的奇观之一。它的平面布局匀称而明朗，是一个卓越的纪念物，象征着一个伟大文明的顶峰。"《城镇与建筑》（Towers and Buildings）

　　就全国而言，胡同虽非北京一地所独有，但就北京胡同分布之密集、数量之众多、名称之繁杂、历史之厚重，无论就其长短、宽窄，乃至其成因、文化渊源都有所不同，是华北和东北地区其他任何一座城市所望尘莫及的。北京胡同犹如小桥流水人家之与苏州、粉墙黛瓦马头墙之与徽州、客家土楼之与闽南、吊脚楼之与湘西……是不可或缺的。而在胡同两侧排列整齐又典雅宁静的四合院，它们宜居的环境，和睦相处、守望相助的邻里关系，又培育出了敦厚而略带诙谐的北京人，在胡同里总是演绎着那些令人回味无穷、难以忘怀的人间故事，成为北京生命印记的重要组成部分。所以，大凡在北京胡同里生活过的人，都有一种难以割舍、深入骨髓的胡同情结。所以有人说"没有胡同，就不是北京城"。

　　2019年2月，习近平总书记在前门地区调研中强调，一个城市的历史遗迹、文化古迹、人文底蕴，是城市生命的一部分。文化底蕴毁掉了，城市建得再新再好，也是缺乏生命力的。

要把老城区改造提升同保护历史遗迹、保存历史文脉统一起来，既要改善人居环境，又要保护历史文化底蕴，让历史文化和现代生活融为一体。老北京的一个显著特色就是胡同，要注意保留胡同特色，让城市留住记忆，让人们记住乡愁。

为深入贯彻习近平总书记对北京重要讲话精神，旅游教育出版社在北京宣传文化引导基金的帮助指导下，圆满地完成了优秀图书选题《多视角下的北京胡同》的融媒体出版项目。

廓清谬误是这本书的一大特色。胡同是我国华北和东北地区城市里对小巷的通称，在南方一些地方也称弄或弄堂。数十年来，有关北京胡同的作品可谓"汗牛充栋"。但其中的不少作品，似乎都陷入"胡同是蒙古语水井的意思"一类的窠臼。本书不仅系统阐述了北京胡同的历史渊源，而且廓清了许多至今还流传于世的谬误。

其二，文旅融合。北京的胡同好比一部百科全书，既反映了历史沿革，又展示了社会风情。近年来，逛胡同已经被开发为一种不可多得的旅游资源。本书精选600多幅反映老北京生活的情景照片，采用四色印刷技术，用图解的方式介绍老北京胡同往事，把胡同的青砖灰瓦、犄角旮旯、生活细节，表现得淋漓尽致，这些都大大加强了胡同文化和胡同游的传播与发展。

多视角看北京胡同是本书的又一大特色。随着互联网、人工智能、大数据、5G等新技术的迅猛发展，为全面、立体地展示北京的胡同文化创造了条件。本书突破了单一的传统图书出版形式，邀请北京导游协会的国家金牌导游和优秀导游，配套制作音频文件和视频文件，将具有胡同文化特征的图片与胡同精彩视频加以整合，多元化地展示北京历史文化底蕴和胡同风貌。读者只要一扫书中的二维码，就可以倾听或者观看老北京人讲解的胡同故事，身临其境地体验北京胡同文化的魅力。

最后要说的是，为了这部融媒体作品的出版，旅游教育出版社专门成立了由社长牵头、分管旅游文化编辑室出版的副社长统筹执行的项目组，同时聘请知名的北京文化学者对项目进行统一组织规划和实施，可谓群策群力、阵容强大。

《多视角下的北京胡同》值得读，值得收藏，愿读者看过这部书后，对"没有胡同，就不叫北京城"有更加深入的理解。

王　越

2021年11月6日

目 录

- 001 **北京胡同的前世今生**
  - 003 历史上的北京胡同
  - 008 今日的北京胡同

- 013 **神奇的北京胡同**
  - 014 北京胡同的演进
  - 028 北京胡同之最
  - 030 北京胡同的趣味名称
  - 034 胡同的细胞——四合院
  - 046 胡同里的摆设
  - 050 等级的标志——大门
  - 059 仅次于皇宫的宫殿——王府

- 063 **东黄城根、王府井片区**
  - 065 南、北池子大街
  - 070 东黄城根北街
  - 072 箭杆胡同
  - 073 丰富胡同
  - 075 锡拉胡同
  - 078 王府井大街

- 083 **东四、灯市口片区**
  - 085 东单三条
  - 087 煤渣胡同
  - 088 金鱼胡同
  - 090 西堂子胡同
  - 091 柏树胡同
  - 093 东堂子胡同
  - 094 隆福寺街
  - 098 钱粮胡同
  - 099 西总布胡同
  - 101 外交部街
  - 102 史家胡同
  - 104 禄米仓胡同
  - 108 礼士胡同
  - 110 东四头条
  - 111 东四六条
  - 112 东四八条
  - 113 前赵家楼胡同
  - 114 赵堂子胡同
  - 115 东门仓胡同

- 123 **北新桥、雍和宫片区**
  - 125 府学胡同
  - 127 国子监街
  - 131 张自忠路
  - 134 中剪子巷

| 135 | 五道营胡同
| 136 | 方家胡同
| 137 | 戏楼胡同
| 140 | 北沟沿胡同

141 南锣鼓巷片区

| 143 | 南锣鼓巷
| 149 | 福祥胡同
| 150 | 炒豆胡同
| 152 | 板厂胡同
| 153 | 东棉花胡同
| 154 | 雨儿胡同
| 156 | 帽儿胡同
| 161 | 菊儿胡同
| 163 | 沙井胡同、黑芝麻胡同
| 164 | 后圆恩寺胡同

167 北锣鼓巷、鼓楼片区

| 169 | 北锣鼓巷
| 170 | 豆腐池胡同
| 171 | 钟楼湾胡同
| 177 | 国祥胡同

179 什刹海片区

| 181 | 烟袋斜街
| 187 | 后海北沿
| 191 | 前海东沿
| 194 | 荷花市场
| 196 | 前海西街
| 200 | 鸦儿胡同
| 201 | 铸钟胡同
| 202 | 翔凤胡同
| 204 | 羊房胡同
| 205 | 定阜街
| 206 | 护国寺街
| 209 | 百花深处胡同
| 210 | 西海南沿
| 211 | 西海北沿
| 212 | 棉花胡同

215 西四片区

| 217 | 砖塔胡同
| 218 | 羊肉胡同
| 220 | 阜成门内大街
| 224 | 西四北三条

| 目 录 |

- 225　东冠英胡同

西单片区 227
- 229　辟才胡同
- 230　大木仓胡同
- 231　西黄城根南街
- 232　文华胡同
- 233　佟麟阁路

天安门广场片区 235
- 237　东交民巷
- 240　西交民巷

前门片区 241
- 243　大栅栏
- 252　粮食店街
- 254　门框胡同
- 255　前门西河沿
- 257　前门大街
- 260　鲜鱼口街
- 261　八大胡同

琉璃厂片区 265
- 267　琉璃厂西街
- 269　琉璃厂东街
- 271　后孙公园胡同

宣武门片区 273
- 275　新文化街
- 277　抄手胡同
- 279　头发胡同

宣南片区 281
- 283　上斜街
- 284　牛街
- 286　长椿街
- 288　法源寺前街
- 289　烂缦胡同
- 293　南半截胡同
- 294　北半截胡同
- 295　米市胡同

参考书目 296

北京胡同的前世今生

北京的胡同记下了历史的变迁、岁月的沧桑、时代的特色,并蕴含着浓郁的文化气息、民族魂魄……北京的胡同,就好像一座座民俗风情博物馆,烙下了人们各种鲜活、永久的生活印记。

| 多 | 视 | 角 | 下 | 的 | 北 | 京 | 胡 | 同 |

每个踏入北京胡同的人，无不为其独特的建筑、民俗所震撼！它不仅仅是城市的脉络、交通的衢道，还与北京人的日常生活息息相关。它融入了北京人生命的各项元素。

胡同是我国华北和东北地区城市中对小巷的通称，在南方一些城市则称弄或弄堂。我们只要到网上查一下"北京最长的胡同"，就会出现"东交民巷"四个字。"东交民"是街巷的专名，"巷"是街巷的通名，把东交民巷称作为北京最长的胡同，说明胡同的实质就是巷。

我国古代城市实行"闾里制"和"里坊制"的管理办法，巷和小巷胡同只是被封闭在里坊内的小通道。随着城市经济的发展，到宋辽时坊墙被逐渐拆除，明代正式把"胡同"一词列为街巷通名，成为北京城的一大亮点。

▲ 俯瞰北京胡同夜景

历史上的北京胡同

北京地区古称幽陵、幽都、幽州，最早的城邑是位于北京西南部的蓟城。公元前 11 世纪初，周武王灭商以后，分封周王室同姓贵族到今北京地区管理燕和蓟两个小国。《史记》记载："武王追思先圣王，乃褒封神农之后于焦，黄帝之后于祝，帝尧之后于蓟……封召公奭于燕。"蓟城受封之时，也是北京湾内有文字记载的建城之始。周初分封黄帝之后于蓟、封召公于燕的事实，说明此前殷商时已有燕、蓟之称，受封者沿用其名，并非受封后才出现燕、蓟。

▲ 蓟城纪念柱图　　▲ 侯仁之撰写的《北京建城记》

1995 年 10 月，在广安门外建立"蓟城纪念柱"，纪念北京建城 3040 年。著名历史地理学家、北京大学教授侯仁之院士亲自撰写的《北京建城记》镌刻在柱前的石碑上。

蓟城在今北京市区的西南隅宣南地区，是公元前 1046 年北京建城之始和 1153 年金朝建都的肇始之地。燕城在房山区琉璃河镇东的董家林村，20 世纪 60 年代被考古工作者发现。历史上，燕强蓟弱的结果，使地处南北交通要冲的蓟被燕所灭，成了燕国的都城，董家林村的西周燕国都城随之被放弃。到战国时，燕与秦、楚、齐、赵、魏、韩并列"七雄"。当时，作为燕国都城的蓟城，与赵国的邯郸、齐国的临淄、楚国的宛（今河南南阳）和著名的洛阳齐名，已是富冠天下的名城。《盐铁论》："燕之涿、蓟，富冠海内，为天下名都。"

在城市管理方面，我国从周朝起就执行"营国制度""闾里制度"和"里坊制度"。按照《考工记》中的"营国制度"，王城每面设城门三座，在相对的城门间形成三经三纬的南北、东西九条大街，配以与之平行的南北和东西的次干道；诸侯城方七里，旁二门，城市干道取王城环涂七轨的宽度；宗室、卿大夫采邑城方五里，旁一门，城市干道取于城野涂五轨九米的宽度。在棋盘式道路网内，划分出大小方正的闾里（以后发展为更规范的里坊），里内四周砌有高大的围墙，里中的道路称巷，胡同是里中通向闾巷的小巷，称衎。

蓟城为燕国都后，属诸侯城，依礼制按低于王城等级的诸侯城制度建设。在两千多年漫长的历史岁月里，人们经受着封闭式闾里制和里坊制管理，关注更多的是"街"和"里坊"，所以在史籍中很难看到巷和小巷衎的标准名称。

宋统一中国后，由于商业与手工业日益发展，宵禁制度已不适应城市生活的需要，于是拆除了里坊的围墙，初步形成新型城市商业网布局，在城市管理中从"里坊制"过渡到开放的"坊巷制"。那些曾被坊墙围绕的巷和小巷"衎"，可以直接与坊外的街道随意联通。随着里坊围墙的拆除，让巷和胡同有了自己的专名。孟元老所著《东京梦华录》，记录了不少宋徽宗崇宁到宣和（1102—1125）年间宋都东京府（今开封）巷的名称，如绣巷、小甜水巷等。这些巷的地点、方位、专名、通名俱全，与此前只记坊名的"重里轻巷"时代大相径庭。

里坊制的崩溃虽然推进了城市的经济发展，但因为沿街设摊，违建横行，呈现出"坊无广巷，市不通骑"的乱象，发生火灾根本无法救援。两宋三百余年，有记载的大型火灾共有两百多次。为此绍兴三年（1133），宋高宗下达建"火巷"的诏书，规定火巷约阔3丈，合今约9.3米；火弄比较窄，宽约1丈，合今约3.1米。宋辽以降，火巷和火弄便成为各个城市防御火灾的通用道路，至今西安市还有东关北火巷、甘肃省庆阳市西峰区有火巷沟。包括金中都和元大都，也按照南方火巷和火弄的标准规划街巷。

吴音火弄在东北和华北地区念胡同，于是小巷"衎"在北方民间又流传有胡同的名号。明《五杂俎》："闽中方言'家中小巷谓之弄'。弄即巷也。《元经世大典》谓之火弄，今京师讹为胡同。"金中都和元大都官方典籍采用吴音火弄，北方民间则流传"胡洞"，这种南北两音共存的局面，直到明朝才得以解决。

明清北京城是我国历代都城的最后结晶。它把金碧辉煌的紫禁城设在中央，其四周则以皇城、内城、外城形成层层拱卫之势，再以"中轴突出，两翼对称"为原则统领全城，由街道、胡同编织而成的四合院，从四周衬托着紫禁城，处处体现着"天子中而处"的礼制规范。

| 北京胡同的前世今生 |

▲ 夜晚灯光璀璨的北京中轴线的南起点：永定门

▼ 从景山公园万春亭俯瞰北京故宫

| 多 | 视 | 角 | 下 | 的 | 北 | 京 | 胡 | 同 |

今日的北京胡同

如今，随着北京城日新月异的发展，北京的街巷也经历着剧烈的变化。有一些胡同永远消失在人们的视野里。可值得庆幸的是，一些著名的老北京胡同还是较为完整地保留了下来。与以前不同的是，有些胡同已经逐渐失去了作为居住场所的作用，而被新的时代添加了众多现代化元素。这些胡同更具特色，既凝聚着历史的古韵，也散发着时尚的气息。

▼ 北京四合院门前雪景

| 北京胡同的前世今生 |

　　北京的胡同记下了历史的变迁、岁月的沧桑、时代的特色，并蕴含着浓郁的文化气息、民族魂魄……北京的胡同，就好像一座座民俗风情博物馆，烙下了人们各种鲜活、永久的生活印记。漫步其中，到处都是名人故居、王府会馆，细细品味那一砖一瓦、一墙一门，都能读出一本故事书……抑或是，你选乘一辆三轮车，穿行在古老的胡同里，感受老北京人的温馨生活方式、生活情趣和邻里关系……当然，你也更可以钻进那些灯红酒绿的酒吧，让慵懒而迷人的光影笼罩全身，让释放的动感以及美丽的忧郁将自己俘获……

| 多 | 视 | 角 | 下 | 的 | 北 | 京 | 胡 | 同 |

▲ 什刹海周边胡同的三轮车

▲ 北京胡同树枝上挂的鸟笼,展现了老北京人悠闲、恬淡的生活态度

| 北京胡同的前世今生 |

▲ 老北京胡同的传统中式婚礼布置情景

▲ 老北京胡同里的祖孙两人合影留念

▲ 在北京胡同旅游的美女

▼ 快乐的一家四口逛北京胡同购物

神奇的北京胡同

　　北京的胡同不仅仅是普通老百姓生活的场所，更是一种文化符号。它记载了老北京的衣食住行、婚丧嫁娶、民生礼俗，更传承着老北京人乐观悠闲、平静从容的气度，温和善良、谦让恭谨的品格……

多|视|角|下|的|北|京|胡|同

北京胡同的演进

我国自北宋中叶以后，城市管理从"里坊制"过渡到开放的"坊巷制"。随着里坊围墙的拆除，让巷和胡同有了自己的专名。难能可贵的是，几乎与此同时，在北京房山石经题记中也发现了辽燕京城内开放型巷的名称。

辽碑刊刻街巷名

907年，朱温灭唐称帝，国号梁，史称后梁，五代时期自此正式开始。938年，石敬瑭认契丹国主为父建立后晋，按约定将包括房山在内的燕云十六州献给契丹。燕云十六州被割让以后，契丹国改名大辽，升幽州为南京。契丹人也开始从单纯的游牧民族，转向游牧与农耕相交融过渡。辽建国后，大力吸取中原汉族文化，佛教也在鼓励之列，对刻石经尤为热衷。房山云居寺石刻佛教大藏经（简称房山石经），始于隋大业年间，僧人静琬法师创刻。刻经事业历经隋、唐、辽、金、元、明6个朝代，绵延1039年，镌刻佛经1122部、3572卷，近1.5万块石板。是研究我国古代文化、艺术，特别是佛教历史和典籍的重要文物，也是世界上最巨大的文物宝藏之一。

在《房山石经题记汇编》诸经题记的辽金部分，收录辽代和金天眷三年（1140）以后，自皇统元年至九年（1141—1149）间镌刻佛经的题记。题记中刻有大辽燕京右北西罗内、燕京左街、山北居北巷、齐相公巷、大花巷、井儿巷、老君巷等开放型街巷胡同名称。可知在1151年金朝扩建燕京城前，有些里坊的坊墙已被拆掉，巷和衙不仅从被封闭在坊内解放出来，还有了具体的专名，俨然打起自己的旗号屹立于城市之中。

▲ 辽天宁寺砖塔

| 神奇的北京胡同 |

海陵王迁都建城

公元 10 世纪，我国东北松花江流域的女真族日渐强盛起来，在黑龙江的阿城建立了金朝。后来，金国南下，占领燕山府，改称燕山府为燕京。再后来，金海陵王完颜亮下诏，金国迁都燕京。当时，张浩、苏保衡、卢彦伦等人负责营建燕京城，先后共动用了 120 万人，包括民夫 80 万、兵士 40 万。燕京以辽南京城为基础，以北宋都城汴京的规划和建筑式样为标准，向东、南、西三面进行了扩展，最终历时两年建成。燕京建成后，海陵王正式迁都于此，并改为中都，府名大兴，即为金中都城。

近年，对金中都考古勘察发现，金中都城的西、南、东三面扩建部分，完全采用开放式的坊巷制。仍保留至今的宣武门外大街及其东部的一些南北方向的北柳巷、南柳巷、魏染胡同、果子巷、米市胡同、丞相胡同等，均为当时金中都遗留至今的胡同。中都是金朝首都，贵族官宦簇居，商贾四至。秦楼楚馆少不了狎娼冶游，勾栏瓦舍自多歌唱演出。胡

▲ 金宫殿故址

同这一辽金时已经存在的北方小巷称谓，也在早期的北曲杂剧中得到流传，如关汉卿《单刀会》"杀出一条血胡同来"；王实甫《歌舞丽春堂》"更打着军兵簇拥，可兀的似锦胡同"等都出于元朝建立前的金中都旧城。

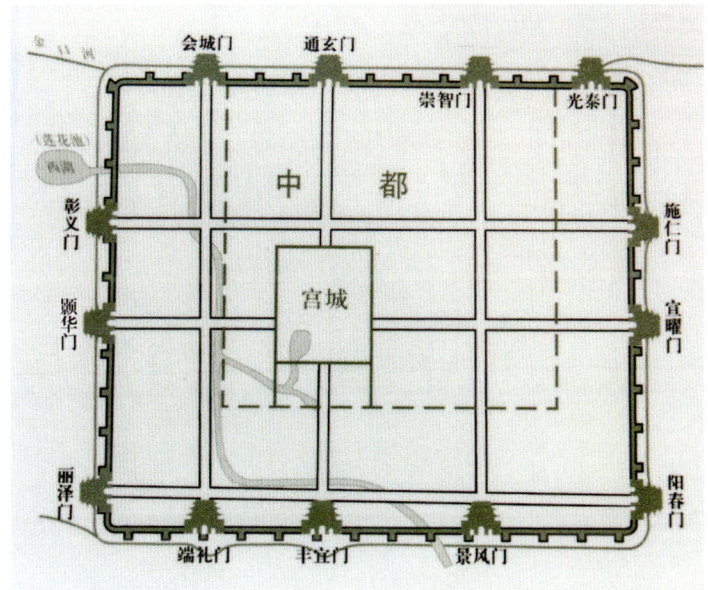

▲ 金中都示意图

大都新城独尊火巷

金贞祐三年（1215），蒙古骑兵攻占金中都，改中都为燕京，由燕京留守兼行省长官札鲁忽赤即断事官治理。1234年，以燕京为治所设中州断事官主治汉民，汉人称之为燕京行尚书省。蒙古人占领中都以后的60年里，中都城一仍金制，为62坊，除豪华的皇宫被焚烧殆尽外，城墙大部分还在。明初刘崧诗"南城土垣故不塌"。城内的街巷胡同、衙门、商铺、佛寺道观基本没什么变化。

中统元年（1260），成吉思汗之孙忽必烈继承汗位，遂定都燕京。至元元年（1264）又改燕京为中都。1267年（至元四年）迁都中都，开始在中都城东北部修建新城。至元八年（1271）正式建国号为"大元"。至元九年（1272）改中都为大都，并定为元朝的京都，元大都新城的营建，遵用汉法，其街制和城市规划，完全继承金中都的基本格局。1276年城成。

元大都的范围包括南北两城：一个是原大都城（金中都城），称旧城或南城；一个是在中都城东北的新城，新旧二城的民事仍由左、右警巡院统一管理。大都北城按照方位分为50坊，这样大都的坊由原来仅金中都旧城的62个，扩建到南北两城共112个。

城市布局： 元大都的平面呈矩形，南北长于东西。城墙开设11个门，其中东、南、西面各设3个门，北面设

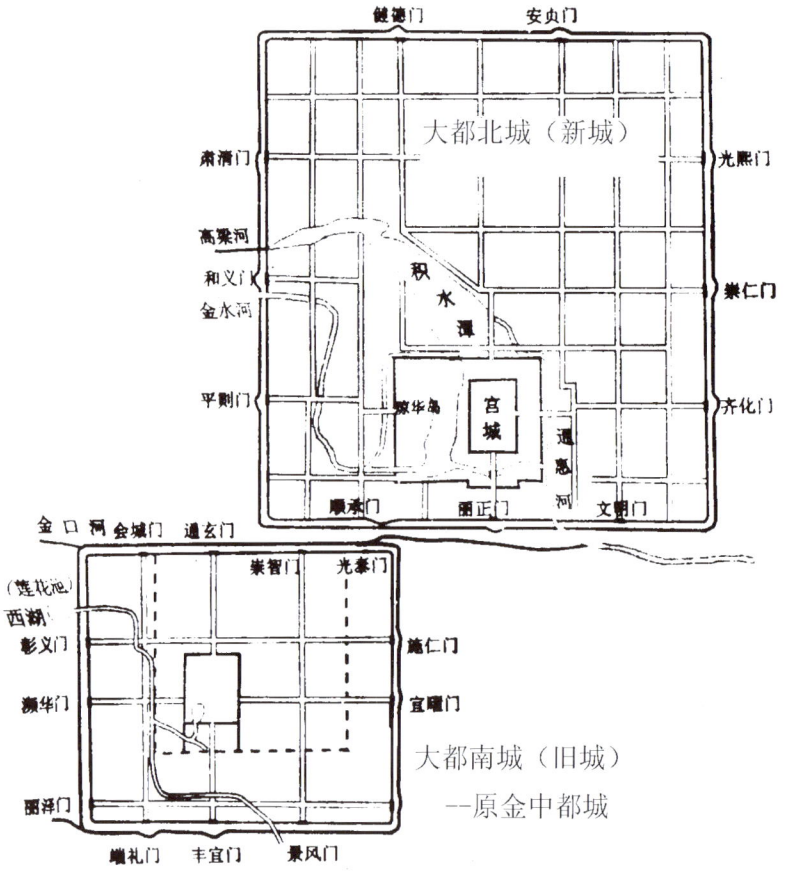

▲ 元大都的南北两城

2个门。刘秉忠在营建大都之初,先是确定了全城的几何中心,然后在此建"中心阁"作为基准点。皇城位于中心阁的南面,以太液池为中心对称轴线,周围设有大内、隆福宫、兴圣宫3座宫殿。

大内的正门也是南门称作崇天门,东、西、北3面的门分别称作东华门、西华门、厚载门。崇天门前有一道金水河,金水河上建有周桥,据说现在故宫内的断虹桥就是当年的周桥。

皇城之外,按照功能分区,太庙位于东面,太社稷位于西面,官署区位于南面和东南,闹市位于北面(今积水潭一带)。这样的布局均是刘秉忠按照《周礼·考工记》中的都城设计思想确定的,比如"左祖右社""前朝后市""九经九轨"等。

在中心阁的西面,设有钟鼓楼建筑,专门用来为全城报时。钟鼓楼的西面是积水潭,这里当时既是南北大运河的漕运终点码头,也是大都最繁华的商业区。

街巷道路

《析津志》(或称《析津志辑佚》):"街制:大街二十四步阔,小街十二步阔。三百八十四火巷,二十九衖通。衖通二字本方言。"指明元大都城里的街道,按大街、小街、火巷、衖通四等分级。大街和小街是全国街巷采用的通名,对下两级窄于小街的通道,选择了南方的街巷行用名火巷和衖通。火巷作为大都新城中低于大街、小街的第三级街道,在新城50坊中竟达384条,平均每坊有七八条之多,数量之多可谓前无古人、后无来者。以往很多介绍北京的书籍,说到火巷时往往一笔带过,而忽略了这一点。明朝建都北京后,除在东城明时坊还保留有一条火巷外,随着元朝的灭亡,这380多条火巷"全军覆没",在北京城里通通消失了。这段史实,在北京街巷胡同文化中,应该得到足够的重视。

《析津志》街制里的第四级道路衖通,衖是弄的古字,衖通的南音为弄堂,北方地区俗称胡同。《元经世大典》把衖通写为火弄。《元经世大典》是元代官修政书,全名《皇朝经世大典》,系元代典章制度的集大成,比熊梦祥纂修的《析津志》更具权威性。明谢肇淛在《五杂俎卷三》中写道"弄即巷也。今京师讹为胡同"。说明当时火弄、衖通、弄堂可以通用。

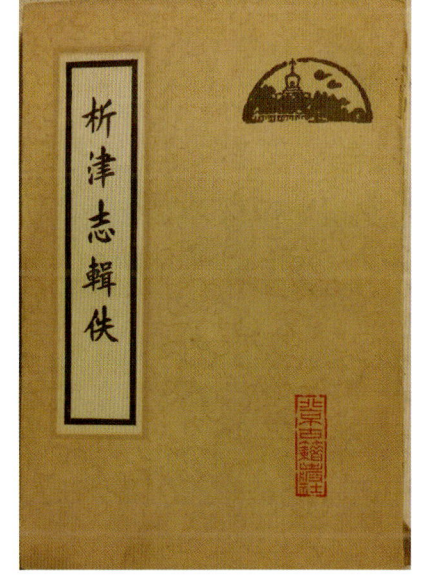

▲《析津志辑佚》

元大都的设计者刘秉忠、郭守敬

据考证，元大都主要是由刘秉忠设计的。刘秉忠（1216—1274），初名侃，后名子聪，元代政治家、文学家、学者、建筑学家，被誉为"大元帝国的设计师"，不仅确定了元朝的国号，为元朝制定了官制，而且设计了元大都，在历史上发挥过重大作用。

刘秉忠自幼聪颖，很早就表现出了不同于常人的能耐。蒙古太宗四年（1232），他做了邢州节度使府令史，成为邢州节度使赵璧的幕僚。后毅然弃官隐居武安山。蒙古太宗十年（1238），被天宁寺虚照禅师收为徒，法号子聪。自此，在长达27年的僧人生活中，他博览群书，上知天文，下知地理。

元世祖忽必烈即位前，召海云禅师进京。海云禅师遂邀请刘秉忠北上蒙古讲授佛法。在蒙古帝国的首都——和林，刘秉忠受到忽必烈的接见。忽必烈对其才华非常赏识，所以留其在身边供职，经常垂询于他。自此，他开始了自己的政治生涯。

▲ 刘秉忠

至元四年（1267），继位后的忽必烈命刘秉忠营建中都城。刘秉忠于是以《周礼·考工记》的都城建设思想为指导，规划修建元大都，成为元大都的设计者和主持者。至元五年（1268），元大都中的宫城完工。此后，宫殿、皇城、都城、王府等工程相继开工，总共历时20余年建成。

至元七年（1270），忽必烈赐婚刘秉忠，以翰林侍讲学士窦默次女许配为妻，并赐第奉先坊。至元八年（1271），刘秉忠根据《易经》"大哉乾元"之意，建议忽必烈改元。忽必烈予以采纳。于是，蒙古国号改为大元，中都改为大都。

至元九年（1272），元朝迁都大都。至元十一年（1274），大都宫阙建成。同年，刘秉忠去世，享年59岁。

除了刘秉忠，郭守敬在大都城的建设中贡献也很大。他解决了水利问题，从昌平把水引到玉泉山一带，再由玉泉山脚经高粱河进入城内，解决了大都的用水困难问题。不得不说，正是解决了用水的问题，大都城才得以建立起来，使新城比原来的旧城大了许多。

元大都就是这样在刘秉忠、郭守敬等人的设计下，经过周密的勘察建造起来的，在中国古代建城史上留下了辉煌的一页。

▲ 郭守敬

| 神奇的北京胡同 |

明清北京城的布局建制

从1406年开始,到1421年结束,永乐皇帝朱棣用了15年时间建成了北京城,正式定都北京。

明北京城共分宫城、皇城、内城和外城。

宫城即紫禁城(即今天的北京故宫),位于内城中部偏南地区,周长6里16步,南北长960米,东西宽760米,面积0.72平方千米,为南北向的长方形。清代紫禁城的建筑物多有重建,名称也有变化,但基本上维持了明代的规模。

▲ 明成祖朱棣像

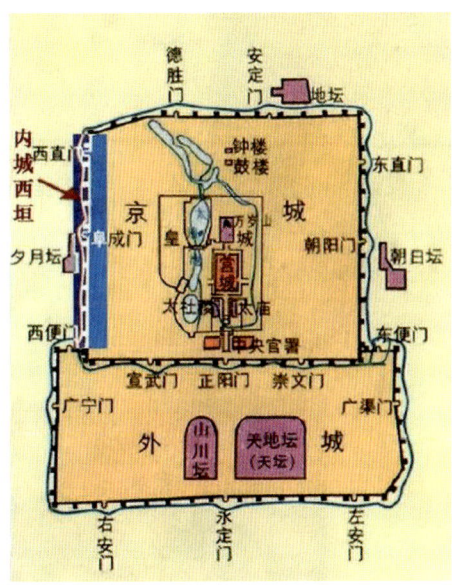

▲ 明代北京城示意图

宫城之外为皇城,周长18里有奇,缺其西南角,南北长2.75千米,东西宽2.5千米,面积6.87平方千米。有6门:大明门、东安门、西安门、北安门、长安左门、长安右门。清改大明门为大清门,北安门为地安门。

内城即由元大都城改建而成,周长45里,东西长6.65千米,南北宽5.35千米,面积35.58平方千米。共分9门:正阳门(即前门)、崇文门、宣武门、朝阳门、东直门、阜成门、西直门、安定门、德胜门。

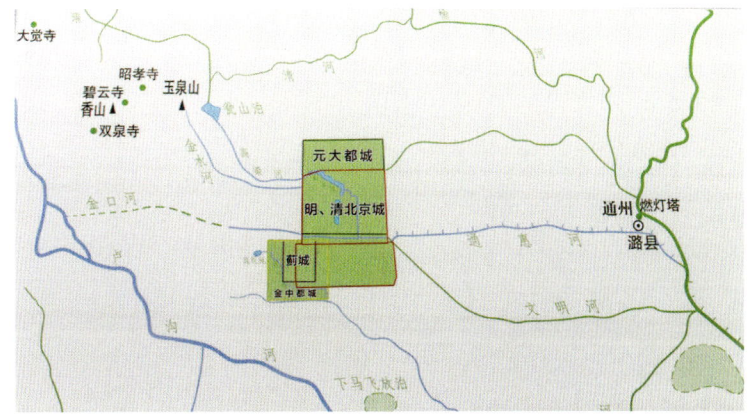

▲ 元大都城、明清北京城、蓟城、金中都城位置示意图

嘉靖时筑外城，长 28 里，共 7 门：永定门、左安门、右安门、广渠门、东便门、广宁门（清称广安门）、西便门。今实测东西长 7.95 千米，南北宽 3.1 千米，面积 24.645 平方千米。

明清北京推崇胡同

▲ 1860年的北京安定门

在北京的历史上，最早对胡同进行大规模收录和系统介绍的，是明嘉靖三十九年（1560）张爵编写的《京师五城坊巷衚衕集》，该书堪称北京胡同第一书。在这本书的自序里，作者张爵特别叙述了自己收集胡同的过程："予见公署所载五城坊巷必录之，遇时俗相传京师衚衕亦书之，取其大小远近，采葺成编。"说明书中所收集的胡同，是流传在北京城市里的土语方言，胡同的名称也由时俗相传而来。但当时"胡同"这两个字的写法和现在不同，在胡和同这两个字外面都有个"行"字，写成"衚衕"，表示胡同是可以让人随意通行的小巷子。直到清末，因为衚衕这两个字写起来不方便，才有了简写的"胡同"。

明代统一了对巷和小巷的称谓，在街巷中不再使用火巷和南音弄堂，并把胡同正式列入街巷名称。明代推崇胡同的结果，对元大都的 300 多条火巷进行改造，让皇家卫队乃至官府，住进北城宽大的胡同。从此，过去一向不被人重视的胡同，登上北京街巷的大舞台，由"时俗相传"正式成为行用的街巷名称，并统一写成"衚衕"。随着社会稳定、经济繁荣、北京的人口日益增多，街巷胡同的数量也不断增加。到了清朝，街巷胡同增加到 2077 条，其中胡同 978 条，几乎是明朝的一倍。

直至中华人民共和国刚刚成立，北京的街巷胡同约 2623 条，其中胡同 1198 条；中华人民共和国成立后，街巷胡同达到 3053 条，其中包括胡同 1564 条。胡同的发展，表明北京人对"胡同"本土文化的热爱。当然，现在人们对胡同的理解，早已不限于古代的小巷，在现代人眼里不仅是巷，甚至连一些小街也包括到胡同之列了。

| 神奇的北京胡同 |

内城九门

东直门： 走砖瓦车、木材车。老北京的砖窑都设在东直门外，所以进城的砖瓦车都走东直门；而南方运来的木材也从东直门进城。此外，其他的普通车也走东直门。过去的东直门大街以石板铺路，长3里多，沿街共有150多家店铺，供应日常生活必需品。现在的东直门外小街就是当年的东直门大街。

▲ 1915年的东直门南水关

朝阳门： 走粮车。古时，朝阳门是漕粮出入的城门，京城百姓的口粮大都存放在附近的粮仓之中。"朝阳谷穗"是当时南粮北运的见证，而当年存放官粮的"禄米仓""海运仓""新太仓"等地名至今犹存。

崇文门： 走酒车。崇文门以"崇文铁龟"享誉京都，清朝时城外有酒道，并设立了收税店，所有的运酒车都要到这里上税。那时，京城卖酒的招牌都会写"南路烧酒"，意思是走南路进北京城的运酒车已经在崇文门交过税了。因为当时的酒税很重，一般酿酒小作坊往往会在夜间爬城墙逃税，这就是所谓的"背私酒"。明末以来，崇文门外车水马龙，繁华一时，清朝及民国时衰落了。

▲ 清末朝阳门北东护城河

▲ 清末正阳门

正阳门：走龙车凤辇。正阳门过去专供皇帝出入。那时，皇帝每年出正阳门两次，一次是去天坛祭天，一次是去先农坛耕地。另外，正阳门也叫前门，著名的"大前门"香烟由此得名。

宣武门：走囚车。宣武门为内城南门之一，遵"左文右武"的礼制取名，意为"文治武安，江山永固"。宣武门外的菜市口当时是北京的闹市，但凡南来之人，进北京内城必经此地。而这里最著名的大概莫过于菜市口刑场了。那时，死刑犯经刑部审核后，会被推出宣武门在菜市口问斩。所以，宣武门门洞上刻着三个大字："后悔迟。"

▲ 1921年的宣武门城楼

阜成门：走煤车。京西门头沟一带是产煤之地，门头沟的煤进京时走的是阜成门。

西直门：走水车。西直门外的玉泉山，供应着皇家用水，所以水车走这里。

德胜门：走兵车。德胜门意为"以德取胜""旗开得胜"，属玄武，主刀兵，一般出兵打仗走此门。历史上，永乐北征，康熙平定噶尔丹叛乱，乾隆镇压大、小和卓叛乱时，都是从德胜门出师的。

安定门：走的是粪车。以前，安定门外地坛附近是北京主要的粪场，所以粪车走此门。而它之所以被说成"兵车回城"，实际上是名称的雅化而已。

▲ 20世纪30年代的阜成门城楼

▲ 北京胡同的夏日时光

▼ 北京胡同的朱漆大墙

| 多 | 视 | 角 | 下 | 的 | 北 | 京 | 胡 | 同 |

▼ 雪后钟鼓楼附近北京城市民居

| 神奇的北京胡同 |

| 多 | 视 | 角 | 下 | 的 | 北 | 京 | 胡 | 同 |

▲ 北京小吃：糖耳朵

▲ 北京小吃：金糕（山楂糕）

▲ 北京小吃：枣糕（年糕）

▲ 北京小吃：艾窝窝

| 神奇的北京胡同

▲ 北京小吃：豌豆黄

▲ 北京小吃：绿豆糕

▲ 北京小吃：驴打滚

▲ 北京小吃：驴打滚

▲ 北京小吃：姜丝排叉

| 多 | 视 | 角 | 下 | 的 | 北 | 京 | 胡 | 同 |

北京胡同之最

最古老的胡同

在北京的胡同中，最古老的要算位于宣武门外校场口西，呈东西走向的老墙根胡同。老墙根胡同的历史可以追溯到唐代，因在唐幽州城和辽南京城的北城垣下而得名。20世纪60年代尚有土城遗址，废城上嵌刻"辽开泰元年""通天""北门"残石。

▲ 老墙根胡同

最短的胡同

北京最短的胡同是贯通巷。贯通巷南北走向，北起炭儿胡同，南至杨梅竹斜街。仅有1号和3号两户，实地测量长度18.9米。原称穿堂门，因贯通南北两巷而改今名。北京最短的胡同曾有一尺大街之说，该街长20余米，现已并入杨梅竹斜街。

▲ 一尺大街地上标志

最长的胡同

北京最长的胡同要数东西交民巷。明朝初年，附近仓库存储江南运来的糯米，北方人将糯米称做江米，故称江米巷。到了明代中期营建五府六部和棋盘街，宣统时记为东交民巷，全长为1552米，是北京最长的胡同。

▲ 西交民巷

| 神奇的北京胡同 |

最宽的胡同

北京历史上最宽的胡同是灵境胡同，东起府右街，西至西单北大街，中与枣林大院、西黄城根南街、东斜街、新建胡同、背阴胡同相交。全长664米，最宽处32.18米。不过，随着北京城的拆迁、扩建，目前，灵境胡同已经不是最宽的胡同了。如辟才胡同宽约40多米。

▲ 灵境胡同

最窄的胡同

最窄的胡同近几年来有不断的新发现。较早说东城区东珠市口北的高筱胡同的南口最窄，仅65厘米。后有人曾踏访天桥西永安路北边的小喇叭胡同，发现北口向西拐弯处仅58厘米，仅能容一个身材"苗条"的人通过。如今又有人发现前门外大栅栏地区的钱市胡同，虽然东口宽80厘米，可胡同中间最窄处却只有44厘米，原来是胡同两侧居民住宅院前伸出的台阶占了地方。在这个地方两人相遇，必须有一人退进居民院的门洞里，另一个人才能过去。

▲ 钱市胡同

最多弯儿的胡同

九湾胡同位于西城区北新桥附近，东口与铺陈市胡同相连，西口从校尉营胡同通出，全长约390米；从胡同东口进入，会发现拐弯形式各样，有死弯、活弯、直弯、斜弯，还有弯连弯，弯曲之处不下于13处，堪称北京城弯道最多的胡同。

▲ 九湾胡同

029

| 多 | 视 | 角 | 下 | 的 | 北 | 京 | 胡 | 同 |

北京胡同的趣味名称

老北京的每一条胡同，自然有一个名字。这些名字既留下了历史变迁的痕迹，也反映出社会风情。虽然其听起来名目繁多，但如果认真分析，还是有其内在的规律。

以形象标志来命名的街巷胡同

许多胡同都是以一个较明显的形象标志来命名，体现了北京人实在、直爽和风趣的性格。如较宽的胡同，人们就称其为"宽街"，窄的就叫"夹道"，斜的就叫"斜街"，曲折的叫"八道"，低洼的有"下洼子"，短的有"一尺大街"，细长的叫"竹竿"，扁长的称"扁担"，一头细一头粗的叫"小喇叭"等。

▲ 杨梅竹斜街

还有些胡同，如堂子胡同、石虎胡同、铁狮胡同等，是以特殊标志命名的。此外，还有以当地特点或形状命名的胡同，如耳朵眼胡同、椅子圈胡同、罗圈胡同。

▲ 前圆恩寺胡同

以地名命名的胡同

历史上，很多胡同是以城门、庙宇、牌楼、栅栏、水井、河流、桥梁这些最显眼、最突出的标志命名的，如西直门内、外大街，前、后圆恩寺胡同以及东四（牌楼）、西单（牌楼）、大栅栏、水井胡同、银锭桥胡同、三里河等胡同。

| 神奇的北京胡同 |

以市场贸易命名的胡同

如鲜鱼口、骡马市、缸瓦市、羊市、猪市、米市、煤市、珠宝市、辟才胡同（原称劈柴胡同）。

以方位命名的胡同

为便于记忆，人们在有些胡同名称前加上了东、西、南、北、前、后、中等方位词，如北火扇胡同、西红门胡同、南月牙儿胡同、东坛根胡同、北半壁胡同、前百户胡同、后泥洼胡同、中帽胡同等。

▲ 北火扇胡同

以人名来命名的胡同

北京的胡同直接以人名、姓氏命名的就有100多条。既有以民族英雄、历史名人、达官贵人来命名的，也有以平民百姓、小商小贩、小手工业者的姓名来命名的。如文丞相胡同——以南宋抗元丞相文天祥的官称命名；赵登禹路——以抗日爱国将领赵登禹将军的名字命名；遂安伯胡同——以明朝功臣陈志的封爵命名；刘海胡同（原称刘汉胡同）；大木仓北二巷——原称郑王府夹道，是以清朝八家"铁帽王"之一和硕郑亲王济尔哈朗的王府命名；刘兰塑胡同——以元朝著名塑像家刘元的名字命名；张自忠路——以抗日名将张自忠的名字命名；三不老胡同——以明朝三保太监郑和的官称三保太监命名；外交部街——原名石大人胡同，以明朝大将石亨的官称命名；武定胡同——以明初开国功臣郭英的后代世袭封爵武定侯命名，原称武定侯胡同。

▲ 文丞相胡同

▲ 赵登禹路

031

| 多 | 视 | 角 | 下 | 的 | 北 | 京 | 胡 | 同 |

▲ 雨儿胡同

以北京的土语命名的胡同

有不少北京的土语体现在胡同里，如背阴儿胡同、取灯儿胡同、闷葫芦罐儿胡同、笤帚胡同、胰子胡同、嘎嘎胡同等。还有不少胡同带有儿化音，更显得京味儿十足，如雨儿胡同、罗儿胡同、鸦儿胡同、帽儿胡同、盆儿胡同、井儿胡同等。

以吉祥话命名的胡同

有些胡同名称带有吉利的字儿，表露出人们的美好愿望。如吉祥胡同、喜庆胡同、喜鹊胡同、福顺胡同、福盛胡同、寿长胡同、寿逾百胡同、平安胡同、安福胡同、吉市口胡同、永祥胡同等。还有些胡同名称带有浪漫色彩，如百花深处、杏花天等。

▲ 吉祥头条胡同

以衙署官方机构命名的胡同

如南新仓、兵马司、惜薪司、禄米仓、西什库、按院胡同、府学胡同、贡院胡同等。

▲ 北兵马司胡同

032

| 神奇的北京胡同 |

以寺庙命名的胡同

如隆福寺街、大佛寺街、宝禅寺街、护国寺街、正觉寺胡同、观音寺胡同、方居寺胡同等。

▲ 护国寺街66号

以树木植物命名的胡同

如柳树胡同、枣林胡同、椿树胡同。

以手工业工人和一般居民姓名命名的胡同

如砂锅刘胡同（今大沙果胡同）、汪纸马胡同（今汪芝麻胡同）、骟马张胡同（今拴马胡同）、孟端胡同、刘汉胡同（今刘海胡同）、安成家胡同（今安成胡同）。

以井名命名的胡同

如龙头井、苦水井、甜水井、二眼井、▲ 甘井胡同
三眼井、四眼井、甘井胡同、井儿胡同、高井胡同、南井胡同、北井胡同、王府井等。

因名字不好听或不够吉利而改名的胡同

如时刻亮胡同（原叫屎壳郎胡同）、高义伯胡同（原叫狗尾巴胡同）、光彩胡同（原叫棺材胡同）、寿比胡同（原叫臭皮胡同）、蒙福禄馆胡同（原叫闷葫芦罐胡同）、受水河胡同（原叫臭水河胡同）、库资胡同（原叫裤子胡同）、大吉巷（原叫打劫巷）、北梅竹胡同（原叫母猪胡同）、王广福斜街（原叫王寡妇斜街）、高卧胡同（原叫狗窝胡同）。

▲ 高义伯胡同（原狗尾巴胡同）

▲ 光彩胡同（原棺材胡同）

033

多视角下的北京胡同

胡同的细胞——四合院

▲ 日落下覆盖着灰瓦的鳞次栉比的北京四合院屋顶

1920年的一个冬日,一个叫奥斯伍尔德·喜仁龙的瑞典人登上了北京的城墙。他这样写道:"鸟瞰全城,映入眼帘的不外是覆盖着灰瓦的鳞次栉比的屋顶。这种城市住宅区的正面,给人一种极其单调乏味的印象。人们通常只能看到高矮、大小不一的屋顶和掩映其间的树梢,至于房屋的其他部分,因为有院墙的遮挡,就几乎看不到了。只有进了四合院大门,绕过影壁之后,你才可以发现这种住宅特有的美。"这是奥斯伍尔德·喜仁龙(Osvald Siren)后来出版的书《北京的城墙和城门》(The Walls and Gates of Peking)当中对于老北京四合院的一些描述。

这种四合院建筑的雏形早在商代就出现了,在明朝发展成熟,并且在清代初期和中期达到鼎盛。北京的四合院以东西南北围合的庭院为基本单位,四合房屋,中心为院,等级分明。一个家庭生活在四合院中,安逸、快乐、祥和。

北京的四合院,可以说承载了我国庭院式住宅三千年的传统,并成为这一传统的最高展示。它充分体现了以家长为中心的封建家庭秩序和古老的中国处世哲学,并符合东方人内敛含蓄的性格。北京四合院是老北京人世代居住的主要建筑,是老北京民居的典型代表,也是中国传统居住建筑的典范。

▲ 史家胡同23号院模型

034

| 神奇的北京胡同 |

四合院的设计与布局

四合院是我国北方传统住宅建筑的代表，它与胡同是同时出现的。

四合院，顾名思义，就是北房（正房）、南座（倒座）、东厢房和西厢房四面建房，合围出来一个院子。院子的外墙都做高大的墙壁，没有窗户。除大门外，没有通道与胡同相连，表现

▲ 北京涛贝勒府四合院

出一种封闭性。关上大门，就是一个宁静的小天地，适合于以家族为中心的团聚生活。家里人在院子里，无论做什么，外人都看不见，这也符合中国人的习惯。

四合院除了四面房屋以外，还有大门、内外影壁、垂花门、抄手游廊、左右耳房、后院罩房、天井等。外影壁在隔着一条街的对面，进院门后迎面看到的是内影壁。影壁上皆有精致的雕刻，制作工艺颇为用心。垂花门外建房屋为倒座房，房前的院子称为前院或外院。一般除了用于会客、书房外，也做账房和用人住房等。垂花门内才算是正式院落。谁住哪间房也有规矩：正房高大，采光、通风好，为主人长辈的住处；子女晚辈住东西厢房或后院的罩房。

▲ 樱花盛开的老北京四合院大门

035

抄手游廊建在屋前，用于连接四面的房屋。院内多种花草树木，多为果树，如石榴树、枣树等。但不种桑树、槐树这类音或字不祥的树种，不吉利。另外在树下还建有亭台雅座，用于全家人休息、聊天、饮茶。

这样由四座房屋围合起一个院落，就构成四合院的基本单位，称为一进四合院，两个院落即为两进四合院，三个院落即为三进四合院，依此类推。北京的超大型四合院可多达七进、九进院落。

▲ 齐白石旧居纪念馆院内石榴树

所以，四合院的建筑布局非常有秩序，营造出一种自然和谐的居住环境。

四合院里的礼教

首先，"礼"就是尊卑等级秩序。在四合院里，长辈住在上房，晚辈住在厢房，女眷住在内宅，仆人丫鬟住在偏房，各得其位，不得逾越。其次，住在四合院里，要懂得和重视礼仪规范。最后，在四合院里，要有和乐精神。四合院的"四世同堂"是传统大家庭追求的大团圆理想，是老人们愿意享受的"天伦之乐"。

古代家庭的伦理道德在四合院中体现得淋漓尽致。小小庭院，演绎过多少家族的兴盛与衰落。四合院可以说是中国古代封建社会的缩影。

▲《四世同堂》创作画

| 神奇的北京胡同 |

▲ 故宫永寿宫前石影壁

▲ 颐和园东宫门前影壁

正房

▲ 茅盾故居正房：茅盾起居室

四合院的正房通常坐北朝南，一般为三间，大一点的正房可以为五至七间，是一家之主的居所。正房的明间（即中间一间）称为堂屋，也称为中堂。三开间的正房堂屋两侧是卧室和书房。正房的特点是冬天阳光充足，夏天阳光不能直射进来，冬暖夏凉。通常在明间正中摆放一八仙桌，桌子两旁设两把椅子，在墙上挂着一幅画和两副条幅，或挂四幅中堂画。

▲ 齐白石旧居纪念馆正房内景

厢房

厢房是子孙们的住房，通常也是三间。东厢房地位高于西厢房。北京四合院东厢房一般住长子长媳，因此在建筑上东厢房略高于西厢房。

▲ 李大钊故居西厢房：李大钊的书房

| 神奇的北京胡同 |

耳房

正房两侧还各有一间或两间进深、高度都偏小的房间，如同挂在正房两侧的两只耳朵，故称耳房。如果院子狭长，厢房通常也会有耳房，通常是平顶的，因此厢房的耳房被称为盝顶。

倒座房

倒座房是四合院中最南端与正房相对的一排房子，通常坐南朝北，其檐墙临胡同，一般不开窗。由于门窗都向北，因此采光不好。其最东为私塾，最西为厕所，其间的房子一般作为客房或者下人居住。

▲ 东耳房

▲ 倒座房模型

041

庭院

四合院庭院指内宅、外宅的主要院落；另外，正房两旁耳房前的小院，以及外院两侧被屏门隔开的小院也是庭院。

内宅的院落中有正南北十字形的甬道，老北京人大多会在院子里栽上树，除了松树、柏树和杨树等有各种忌讳而不能栽种外，其他各种树木都有种植，常见的树木有枣树、柿树等，花木主要有牡丹、芍药、玉兰、丁香、海棠、石榴等。栽种树木，也有各种寓意，如种枣树、石榴树寓意"早"生贵子、多子多孙，种柿树表示事事如意，种丁香、海棠，表示主人身份高贵。

▲ 茅盾故居庭院

▲ 李大钊故居海棠树

▲ 恭王府垂花门

垂花门

垂花门位于院落的中轴线上，又称二门，开在内外院之间的隔墙上。旧时说的大户人家的闺女"大门不出，二门不迈"，就是指不迈垂花门。这里用了夸张的手法表示以前女子的保守，不允许多出去露面。

因其檐柱不落地，垂吊在屋檐下，称为垂柱，其下有一垂珠，通常彩绘为花瓣的形式，故被称为垂花门。垂

花门是四合院内的一个重要建筑,它以端庄华丽的形象成为四合院的外院与内宅的分水岭。

后罩房

后罩房通常是最里一进院子的靠近院落边界的房子,因比较隐秘,一般主人未出嫁的女儿和女佣等女眷居住。后罩房和正房朝向一致,均坐北朝南,其间数一般是和倒座房相同。后罩房的等级低于正房和厢房。有的后罩房做成二层楼形式,称为后罩楼。这种后罩楼只有大型住宅才可能采用。

▲ 郭沫若故居后罩房

廊

四合院里的廊是指有顶的建筑,具有遮阳、防雨雪、小憩等功能。其分为檐廊和游廊两种,檐廊是指正房和厢房前面有顶的走廊,顶通常是屋檐延伸出来的;游廊是指沿墙的廊(抄手游廊)和连接正房与厢房的走廊(穿山游廊)。

▲ 颐和园长廊

▲ 恭王府游廊

▼ 颐和园长廊夜景

| 多 | 视 | 角 | 下 | 的 | 北 | 京 | 胡 | 同 |

胡同里的摆设

上马石

　　上马石就是骑马时用来踩着上马用的。明清时期北京城的王公贵族多在自己的府门前对称地设置两块凿成台阶状的石头，为的就是上下马时方便，但因为下马二字不太好听，因此一般统称为上马石。上马石除了实用价值外，更多的是一种身份的象征。因清人崇尚骑马，故现在北京胡同里能看到的上马石多是清代保留下来的。

▲ 上马石

▲ 上马石

▲ 上马石

▲ 雕锦铺上马石（清）

| 神奇的北京胡同 |

拴马桩

拴马桩与上马石相配。顾名思义，拴马桩就是用来拴马的桩子。常见的拴马桩有两种：一种是独立式的石柱或石碑，固定在上马石的附近；再一种是石洞式拴马桩，它固定在宅院倒座房的后檐柱上。拴马桩除实用外，还有彰显门第、镇宅的作用。

泰山石敢当

古时候有很多禁忌和崇拜，在北京旧俗中，凡家住屋门对桥梁、巷口或道路要冲，都在墙外立一小石碑，上刻"泰山石敢当"五字，用以避邪。石敢当是我国古代民间传说中的石神，据说原是古代的大力士。人们认为，石

▲ 拴马桩

▲ 老北京胡同院墙上的泰山石敢当

▲ 平谷区和平街村仁义胡同"泰山石敢当"石刻

▲ 泰山石敢当（清）一

▲ 泰山石敢当（清）二

敢当与泰山相结合，胡同和宅院就可以保平安了。在老北京旧俗中，正月初十，人们要祭石敢当。

栅栏

栅栏也就是栅栏门。古时北京的胡同是敞开的，没有坊墙防护。为了防盗，明清时期人们在许多街巷胡同口安装了木制或铁制的栅栏，白天开启，夜晚关闭。日子久了，老北京的栅栏渐渐消失了，但有一些栅栏却成了当地的地名，如前门外著名的大栅栏。

▲ 前门大栅栏

牌楼

牌楼，与牌坊类似，中国传统建筑之一。起源于周朝，最初用于旌表节孝的纪念物，后来在园林、寺观、宫苑、陵墓和街道均有建造。北京是中国牌楼最多的城市。据不完全统计，北京曾建各式知名牌坊三百多座。

▲ 颐和园东宫门前涵虚牌楼

古时牌楼材料主要有木、石、木石、砖木、琉璃几种，多设于要道口。牌楼的作用主要有：作为装饰性建筑；增加主体建筑的气势；表彰、纪念某人或某事；作为街巷区域的分界标志等。

水窝子

在老北京的一些胡同里，有一些水井，在水井的旁边，通常会建有窝棚。这种窝棚就被称为"水窝子"。水窝子是看护水井并为大户人家挑水送水人住的地方。在清朝，胡同里的水井被称为"官井"，由兵营里的火伕统一管理。清朝灭亡后，原来管理水井的火伕开始承包水井，遂成为"井主"，井主雇水伕送水，水伕则在水井旁搭建窝棚作为住处。

▲ 民初水伕推车送水服务

多|视|角|下|的|北|京|胡|同

等级的标志——大门

根据主人的地位等级的不同，老北京四合院的街门分为王府大门、广亮大门、金柱大门、蛮子门、如意门、墙垣式门（门楼）等几种不同的形制。

王府大门

王府大门位于住宅院的中轴线上，为中国古代建筑的一种屋宇式宅门，其等级高于广亮大门、金柱大门等，用于王府，一般有三间一启门和五间三启门两个等级，门上镶有门钉。

王府大门是屋宇式大门中的最高等级。因为清朝对宗室共分有14个等级，与此相对应，这些王子的王府也分为亲王府、郡王府、贝勒府、贝子府、镇国公府、辅国公府等几个等级。这些王府在建筑规模和形制上也都有各自的规定。按《大清会典》记载：亲王府门为五间房，可开启中央的三间，屋顶上覆盖绿色琉璃瓦，屋脊可安吻兽，大门上用9行、7列共63个门钉。郡王府的大门为三间，可开启中央的一间，门钉比亲王府门减少2/7，即9行5列共45个。另外，在王府的门前一般都陈列一对石狮子，雌雄各一，分列在大门两旁。门的正前方，隔着街道还立有影壁一座，与大门相对应。更讲究一些的王府，其大门还不直接对着街道，而是在大门前留有一个庭院，院子前面加一座沿街的倒座房。

▲ 恭王府大门

| 神奇的北京胡同 |

广亮大门

广亮大门，是古代建筑四合院宅门的一种，又称广梁大门，在等级上仅次于王府大门，高于金柱大门，是具有相当品级的官宦人家采用的宅门形式。

其重要特点是房山有中柱，在中柱上有木制抱框，框内安朱漆大门；门前有半间房的空间，房梁全部暴露在外。

▲ 广亮大门

高级的宅门门外有半间房的空间，可供 4 个警卫分站把守，以示宅门的等级高贵。

广亮大门多是由相当品级的官宦使用，其色彩、装饰均受到比较严格的限制，一般不施华丽的彩画，仅做适当的点缀。

▲ 金柱大门

金柱大门

金柱大门属于北京四合院宅门中的一种，是屋宇式宅门，在等级上低于广亮大门，高于蛮子门、如意门，为官宦人家采用。

金柱大门在规模上，比广亮大门要小，门也窄，有的只有半开间。而大门的构造、屋顶、雕饰等，均与广亮大门同。

金柱大门与广亮大门的主要区别在于，门扉是设在前檐金柱之间，而不是设在中柱之间，并由此得名。同广亮大门一样，金柱大门外檐檐枋之下也施雀替作为装饰。

051

蛮子门

蛮子门是商人富户常用的宅门形式，属于北京四合院宅门中的一种，其形制等级低于广亮大门、金柱大门，高于如意门。

蛮子门与广亮大门、金柱大门的结构基本相同，所不同的是将槛框、余塞板、门扉等安装在前檐檐柱之间，门扉外不留容身空间。其砖雕装饰彩绘也略显逊色。

蛮子门从外表看来，不如广亮大门和金柱大门深邃气派。

至于其名称的由来，有一种说法认为，它可能来源于南方官吏和富商，过去北方人称南方人为蛮子，因此而得名蛮子门。

▲ 蛮子门

▲ 民国时老北京四合院的蛮子门

如意门

如意门属于北京四合院宅门中的一种，属古代建筑屋宇式宅门，多为一般百姓所用。其等级低于王府大门、广亮大门、金柱大门、蛮子门，高于墙垣式门。

其基本做法是在前檐柱间砌墙，在墙上居中部位留一个尺寸适中的门洞。门洞内安装门框、门槛、门扇以及抱鼓石等构件。如意门门口上面的两个门簪迎面多刻"如意"二字，以求"万事如意"之意。

如意门形制虽然不高，但不受等级制度的限制，可以根据

▲ 如意门

心意随便装饰，它既可雕琢得华丽精美，也可以做得朴素简洁，一切根据主人的财力情况和兴趣爱好而定。

墙垣门

墙垣门是宅门中等级最低、最为简单朴素的一种门，已无梁柱结构，仅在门扉两侧砌筑两个墙垛，顶上起脊挂瓦，通体无装饰，顺墙而开，因此也叫"随墙门"。

小门楼：是墙垣门中最常见的一种。在风格上仍追求屋宇的效果。其有一个小屋顶，高出墙垣，一般是纯砖结构，构造比较简单，主要由腿子、门楣、屋顶、脊饰以及门框、门扉等构成，装饰一般都比较简洁朴素。

▲ 小门楼

▲ 随墙门

| 多 | 视 | 角 | 下 | 的 | 北 | 京 | 胡 | 同 |

栅栏门：也是随墙门的一种，俗称菱角门，一般用于大宅门的马号。两根木柱支着横木，上边用一种菱角形的木构件向外挑出，承托着屋顶，门扇是直棂栅栏门。

西洋门

北京四合院宅门中的一种。它是清中期以后，西方建筑文化传入中国，并与中国传统建筑文化相互借鉴的结晶。这种门所在位置与其他宅门并没有差别，只是采取了西洋式建筑的形式。其一般构造是单开间，两端为砖柱，砖柱间是砖墙，在砖墙上居中留出大小适中的门洞。西洋门的门框、门扉等构造、做法，依旧采用中国传统式样，是中西合璧的"混血儿"。

▲ 恭王府西洋门

石狮子

　　石狮子是中国传统建筑中经常使用的一种装饰物，在中国的宫殿、寺庙、佛塔、桥梁、府邸、园林、陵墓及印钮上都会看到它。同样，在老北京四合院的大门前，通常会看到一对雌雄石狮子。通常是雄狮居左，右爪下踩着绣球，被称为"狮子滚绣球"；雌狮居右，左爪下是一只幼狮，叫作"太师少师"，意思是子嗣昌盛，世代高官。

▲ 恭王府—宫门前雌狮

▲ 恭王府—宫门前雄狮

　　石狮子主要有三大功能：其一，辟邪纳吉；其二，彰显身份等级；其三，艺术装饰。

门墩

　　门墩是在中国老式住宅四合院中，用来支撑正门或中门的门框、门槛和门扇的石头。枕石的门内部分是承托大门的，门外部分往往雕以鸟兽花饰。门墩不仅是四合院建筑的组成部分之一，也是一种精美的石刻工艺品。

▲ 门墩一

▲ 门墩二

北京的门墩主要以箱形和抱鼓形居多，但还有狮子形、多角柱形、水瓶形门墩。通常由须弥座、抱鼓或方箱，以及兽吻或狮子几部分构成。

门墩是一种民俗文化，不但有其实用价值，可以美化门庭，也有历史价值，象征着一个时代。其美妙的石雕艺术饱含着人们对于美好生活与幸福的希冀。

门钉

门钉是古代建筑大门的一种重要装饰，一般安装使用在位于城门、宫门、院门、券洞门位置的板门上。门钉的数量和排列，在清朝以后有规定：皇家建筑，每扇门的门钉是横九路、竖九路，一共是81个钉。九是阳数之极，象征帝王最高的地位。

门钉主要有三个作用，其一是装饰，其二是代表等级，其三起加固作用。

▲ 北京四合院大门铺首及铜门钉

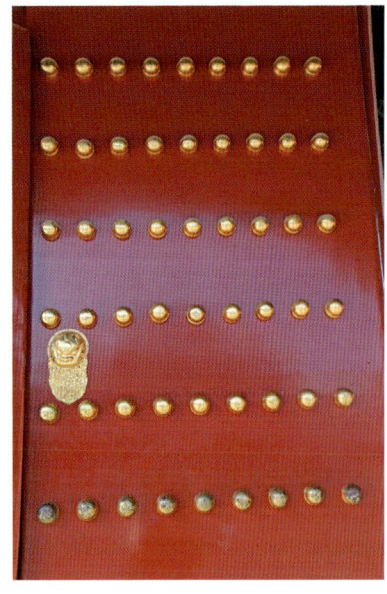

▲ 北京故宫午门"横九竖九"的门钉

▲ 郑王府门钉

铺首

铺首是一种安装在门上作为叩门和闩门之用的装饰构件，一般由铺首和门环组成。

铺首含有驱邪意义，用来镇凶辟邪。它是兽面纹样的一种，有多种造型，一般多以金属制作，作虎、螭、龟、蛇等形。

在封建时代，铺首和宅院大门一样，在材料、规格、使用上有着严格的等级规定。帝王将相、达官显贵的建筑物，

▲ 铺首一

▲ 铺首二

大都用铜制镏金制作，色彩光耀夺目，制作精美绝伦，彰显出皇家君临天下的气势。

常见的北京胡同里民居的大门上，铺首大多是一对直径十几厘米的六角形铜镲模样，倒扣在门上。

门联

门联，又称对联、门对、春联等，是古代中国的民俗文化。它用红纸书写，贴在门上，彰显一番喜庆、热闹的过年气氛。过年要贴春联，这与古代的桃符驱鬼辟邪有关。

老北京四合院大门上的"门联"，是整个四合院的"封面"，有着丰富的文化内涵。其门联的内容有的出自名人诗句，有的则体现院主人的志向和愿望。

▲ 门联一

▲ 门联二

门当

门当俗称门墩，正名门枕石，又称抱鼓石、门枕石。"门当户对"是句成语，旧时指男女双方家庭的社会地位和经济情况相当，适合结亲。从字义看，"门当户对"包含门、户、门当、户对四个单体。古代以双扇为门，单扇为户。《玉篇》："人所出入也。在堂房曰户，在区域曰门。"在古代，不同等级的家庭，门当的等级也十分森严。

门当石是放置于古代传统建筑大门两侧的门庭装饰艺术品，用于显示古代主人的等级和身份，有吉祥、祈福、辟邪之寓意。另外，其与建筑物相互辉映、和谐统一，也起到给门庭画龙点睛的作用。

▲ 门当一

▲ 门当二

户对

户对，与门当相对，为中国传统建筑构件之一。为门楣上突出之柱形木雕、砖雕，上面大多刻有以瑞兽珍禽为主题的图案。因通常呈双数出现，故名"户对"。

户对比较典型的为短圆柱形，柱长一尺左右，与地面平行，与门楣垂直。"户对"用短圆柱形，是代表了古人重男丁的观念，意在祈求人丁兴旺、香火永续。

▲ 户对一

▲ 户对二

仅次于皇宫的宫殿——王府

王府的等级与规制

　　王府是封建社会等级最高的贵族府邸。北京市西城区现存的王府均为清代所遗，分亲王府、郡王府、贝勒府、贝子府共4个等级。

　　北京王府的建造形制有严格的规定，等级差别十分明显，不得随意违反。如果逾制建宅要论罪，直至被处以死刑。亲王府的大门为5间，郡王府的大门为3间，左右对称建有1扇角门，也叫阿司门，府门外有石狮、灯柱、拴马桩、上马石，门的对面有影壁。王府的建造形制，东、西路可以自由配置，中路一律相同，主要有府门（又称宫门，亲王府5间，郡王3间）、影壁、大殿（又称银安殿）、二府门、神殿、后楼、家庙等。

▲ 循郡王府大门

银安殿

银安殿是古代亲王或诸侯王的宫殿，与皇帝的"金銮殿"对应。其形制在《大清会典》中有规定，亲王是面阔 7 间，郡王是 5 间，亲王的有前墀（月台），郡王的则没有。其屋顶一般采用歇山顶，亲王的可用绿琉璃瓦，郡王的只能用灰瓦。

银安殿不能使用皇帝专用的和玺彩画，但可以用旋子彩画中等级最高的，如金琢墨石碾玉、龙锦枋心等。

北京现存十几座王府中，比较有代表性的如恭王府的银安殿，这是举办重大庆典的地方。

▲ 恭王府银安殿

后罩楼

在中国古代四合院中，在正房后面和正房平行的一排房屋为后罩房，通常作为用人房间或库房。恭王府后罩楼的规模远远超出了"后楼 7 间，基高尺有 8 寸"的王府建筑规制，气势非凡。

恭王府后罩楼位于府邸和花园的衔接处，111 间房屋连成一排，达 180 多米长。这是国内王府类建筑中最长的楼，被形容为"99 间半房子"，为恭王府三绝之一。后罩楼东部为瞻霁楼，西部为宝约楼。西端的 5 间房俗称"小迷宫"，这里有国内唯一的室内园林景观，两个

| 神奇的北京胡同 |

▲ 恭王府后罩楼

楼层之间去除楼板，将亭台楼阁和假山溪流等搬进屋里。这几间室内花园将楼上楼下通连在一起，山石叠砌，可上可下，瀑布飞泻，亭台楼阁和小桥流水都非常精致。

据说后罩楼里面居然有108个房间，当时是和珅拿来藏宝用的藏宝楼，不过由于宝贝实在太多，以至于和珅自己开始都不知道放在了那个房间里面，于是他就让人把每个房间窗户都建得不一样，上下两层总共建有88个窗户。

戏台

戏台即戏剧舞台，是指为戏剧演出而建的专门场所。恭王府大戏楼，建于同治年间，是恭亲王及其亲友看戏的场所。这座戏楼是我国现存独一无二的全封闭式大戏楼，建筑面积685平方米，其建筑形式采用三卷勾连搭全封闭式结构，据说整个大戏楼虽为砖木结构建筑却没有用一根铁钉。值得一提的是，大戏楼的声音效果极佳。大戏楼为了保证声音逼真，将戏台底下掏

▲ 恭王府大戏楼大戏台

▲ 恭王府大戏楼内景

空后放置了若干口大缸，这种巧妙特殊的构造增大了共鸣混响空间，使观众不管身处戏楼里的任何位置，都能清晰地听到演员的演唱。

除了演戏之外，这里还是当年恭王府中举办红白喜事的地方。每逢府中重要人物寿终正寝，戏楼就会布满挽联、挽幛，香烟缭绕，长幅高悬，各寺僧尼相继洒净超度亡灵。

东黄城根、王府井片区

　　长长的巷子、厚重的城墙、精致的门楼、阔气的院落，这些在其他胡同里稀缺罕见的胡同元素，在这一片区却比比皆是……

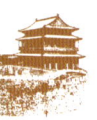

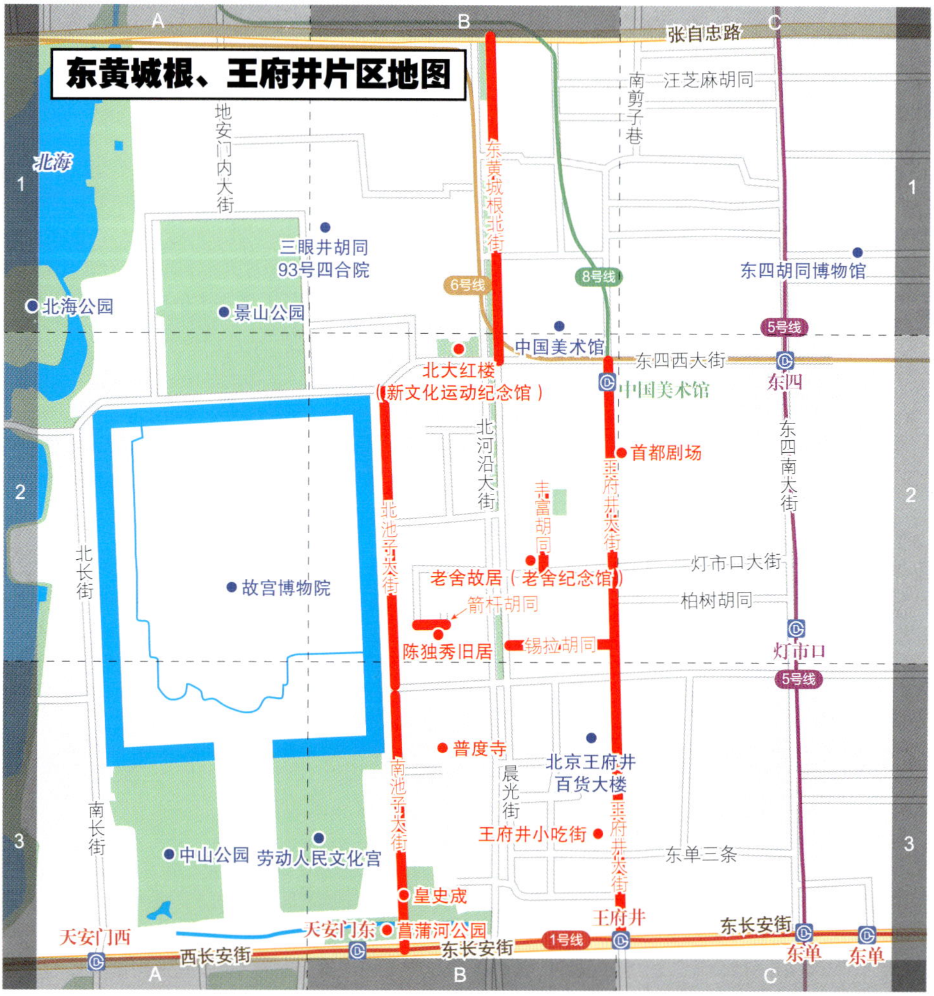
东黄城根、王府井片区地图
张自忠路
汪芝麻胡同
南剪子巷
北海
地安门内大街
东黄城根北街
三眼井胡同
93号四合院
东四胡同博物馆
6号线
8号线
北海公园
景山公园
5号线
中国美术馆
东四西大街
东四
北大红楼
(新文化运动纪念馆)
中国美术馆
北河沿大街
首都剧场
东四南大街
丰富胡同
王府井大街
北池子大街
北长街
故宫博物院
灯市口大街
老舍故居(老舍纪念馆)
箭杆胡同
柏树胡同
锡拉胡同
陈独秀旧居
灯市口
5号线
普度寺
北京王府井
百货大楼
晨光街
南池子大街
南长街
王府井小吃街
东单三条
中山公园
劳动人民文化宫
皇史宬
天安门西
天安门东
菖蒲河公园
王府井
东长安街
西长安街
东长安街
1号线
东单
东单

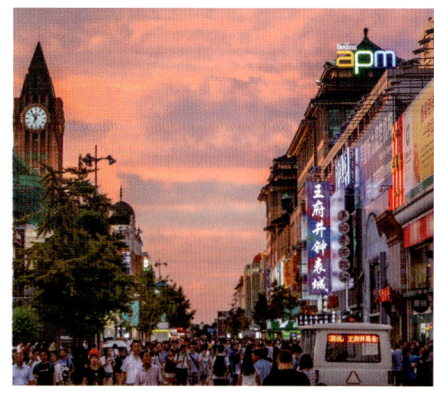

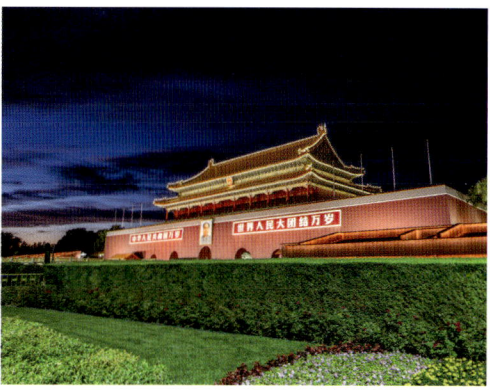

| 东黄城根、王府井片区 |

南、北池子大街

精彩音频

精彩视频

　　南池子大街，位于故宫东侧，呈南北走向。历史上为元明清三朝皇城的一部分，曾经作为官署和各种库房的用地。民国初年，为了方便紫禁城交通，民国政府打通了紫禁城东西长街南侧的皇城墙。于是，昔日一般人不得入内的皇城，便成为开放的场所。这里有着重要的历史遗存，如明、清两代的皇家档案馆——皇史宬以及普度寺等。另外，这里的胡同院落格局，很多还依然保留着清代的方位和走向。其厚重的城墙、深红的墙漆、斑驳的墙皮，无时无刻不诉说着历史的变迁、民间的故事。

　　南池子大街的北侧即为北池子大街，在紫禁城东侧，是一条南北走向的长街，南起东华门大街，北到五四大街。其全长921米，宽21米，是旧皇城传统风貌的重要组成部分。

▲ 南池子大街

▼ 皇史宬古建筑正殿

皇史宬

皇史宬位于北京天安门东边的南池子大街南口,是中国明清两代的皇家档案馆,又称表章库。其始建于明嘉靖十三年(1534)七月,建成于明嘉靖十五年(1536)七月,占地8460平方米,建筑面积3400平方米。这是一座朱红围墙的古建筑群,是中国现存最完整的皇家档案库,也是研究"金匮石室"的典型建筑。其最初定名为"神御阁",建成后敕赐名"皇史宬"。正殿坐落在高大的石台基上,四周绕以汉白玉石护栏。整座建筑设计完美,做工精良,能防火、防潮、防虫、防霉,且冬暖夏凉,温度相对稳定,利于档案的存放。1982年,被列为国家重点文物保护单位。

菖蒲河公园

菖蒲河公园位于天安门东侧，于2002年9月开放。菖蒲河，又名外金水河，因河中生长菖蒲而得名。菖蒲河系皇城水系组成部分，全长510米。这是一个免费的街心公园，以前属于皇宫大内的地盘。一条水系贯穿公园整体，旁边有四合院的建筑，小巧别致，幽静美丽，是闹中取静的范本。公园主要景点有"菖蒲迎春""天妃闸影""红墙怀古""凌虚飞虹"等。

▲ 菖蒲河公园

普度寺

北京普度寺，位于南池子大街东侧，临近紫禁城东华门，是故宫外八庙之一，北京皇城内重要的皇家藏传佛教寺庙。清初为摄政王（睿亲王）多尔衮进京后的住所，称旧睿亲王府，康熙三十三年（1694）改建成玛哈噶喇庙。1776年，乾隆将该寺赐名为"普度寺"。2002至2003年，北京市政府全面修复了寺院的台基、正殿、山门和方丈院北房，其余房屋基址在取得考古资料后回填保护，进行绿化，成为居住小区内的公共活动场所。全寺建于砖砌高台上，平均高约3米，周围建宇墙，此台即是明重华宫寝宫部分的基座。普度寺大殿建筑宏伟，台基高大，黄瓦绿剪边殿顶，前厦为绿瓦黄剪边。檐出飞椽共3层，为建筑中少见的形式。

▲ 普度寺

多尔衮为何生前不称帝，死后却"谋逆"

多尔衮是清太祖努尔哈赤的第十四个儿子，清太宗皇太极之弟弟，是清朝杰出的军事家和政治家，功勋卓著，对清政权入主中原，统一全国起着至关重要的作用，虽名为摄政王，实际上却是清政权入关初期的实际统治者。当时孝庄太后用尽手段严防其夺位称帝。多尔衮也因种种原因始终没有称帝，但他死后，却被加上"谋逆"的罪名。

多尔衮的母亲乌拉氏阿巴亥在努尔哈赤死后仅九个时辰，就被皇太极众兄弟逼迫殉葬。多尔衮同母兄弟三人，处处被皇太极众兄弟压制。对此，多尔衮心生愤恨，但未表露。多尔衮在皇太极生前就已经战功赫赫。皇太极去世时，继位的人选并未确定，他和豪格都有机会称帝。但为了避免清朝的内部冲突，他改立年仅六岁的皇太极的幼子福临为帝，以便于控制。

多尔衮执政期间功绩不凡，与蒙古结盟，共同击败了李自成的军队，并迁都北京，统一中

▲ 睿亲王多尔衮铜像

原，又治理西藏，整顿吏治等。但他作风专横，得罪过不少人。如他找借口幽禁了豪格，使豪格死于狱中；也对反对派分子图赖、索尼、鳌拜等残酷打击。

多尔衮当摄政王时，府第威仪超过顺治帝。到顺治五年（1648）十一月，"加皇叔父摄政王为皇父摄政王，凡进呈本章旨意，俱书皇父摄政王"。至此，多尔衮大权在握，权势地位已达到无以复加的程度。

多尔衮身体一直欠佳，入关之后，经常头昏目胀。顺治七年（1650）十二月九日，多尔衮因狩猎坠马，膝盖受伤，涂以凉膏，竟不治死于喀喇城。

多尔衮死后不久，其政敌便纷纷出来翻案，揭发他的大逆之罪。孝庄终于大怒，下令拘捕多尔衮死党，正式宣布多尔衮罪状，追夺一切封典，毁墓掘尸。

意大利传教士卫匡国在《鞑靼战纪》中记载："顺治帝福临命令毁掉阿玛王（多尔衮）华丽的陵墓。他们把尸体挖出来，用棍子打，又用鞭子抽，最后砍掉脑袋，暴尸示众。"

多尔衮死后仅两个月，就从荣誉的顶峰跌落下来。其原因一是树敌太多；二是压得小皇帝顺治喘不过气来，还害死了顺治的哥哥豪格；三是其多好色之丑行，令孝庄心生怨恨。在这种形势下，多尔衮被迅速判罪是必然的。

多 视 角 下 的 北 京 胡 同

东黄城根北街

▲ 东黄城根北街

东黄城根北街位于东城区，景山公园东北侧，呈南北走向。北起地安门东大街，南至五四大街，与东黄城根南街相接，全长992米，宽17米。

此街明朝属保大坊，称火道半边街。清朝时属正白旗，称东安门外北夹道。直到民国时才称东黄城根，亦称东皇城根。1965年改称东黄城根北街。"文革"中一度改称霞光街，后恢复原名。其名，系由地理方位而得。黄城即皇城，为紫禁城之外城，天安门为皇城正门，今仅存南面城墙，即天安门以东、以西部分，其余三面均已拆除。东黄城根即原皇城之东墙旧址。此街民国时有远东宣教会、育婴堂、中法大学。原中法大学校址为市级文物保护单位。另外，附近名胜还有北大红楼等。

▲ 夜色下的天安门城楼

| 东黄城根、王府井片区 |

北大红楼

简称"红楼",常被称为"北大红楼""沙滩红楼"。是1916—1952年间,北京大学的主要校舍所在地之一。原名"京师大学堂",建于1918年,楼为"工"字形,共4层,因整座建筑通体用红砖砌筑,红瓦铺顶,故名"红楼"。1919年5月4日,北大学生从红楼出发,奔赴天安门举行示威游行。这之后,北京学生举行多次革命活动,都是以红楼北面的广场作为集合地点的。此外,毛泽东、李大钊、陈独秀、邓中夏、鲁迅等人都曾在此工作过。到此地旅游,会让人不由想起已故的风云人物。

▲ 北京大学红楼

▲ 第二阅览室(1918年10月到1919年3月,毛泽东在这里担任图书馆书记,登记新到报刊和读者姓名,管理15种中外文报纸)

▲ 图书馆主任室(1917年12月,李大钊任北京大学图书馆主任。1918年北大红楼建成后,至1922年12月,李大钊在此工作)

▲ 五四游行筹备室(五四前夕,北大学生在此准备游行时需要的旗帜、标语等,罗家伦在此起草《北京全体学界通告》)

多 视 角 下 的 北 京 胡 同

箭杆胡同

精彩视频

箭杆胡同位于东城区西南部，北池子大街东侧，呈南北走向。其北起智德北巷，南至骑河楼南巷，东邻北河沿大街。全长153米，宽5米。

据记载，"箭杆胡同"一名始于清光绪年间。箭杆是指旧时扎纸活的骨架和吊顶棚的龙骨所用的经过加工的高粱秸。据此分析，当年胡同内应有加工、经营箭杆的作坊或店铺。胡同今已无存，只因保留"陈独秀旧居"还剩下西口凹进去的一小截，但已经不是胡同了。

▲ 箭杆胡同

▲《青年杂志》（正月号）

陈独秀旧居

陈独秀旧居位于箭杆胡同20号（旧时的门牌9号）。如今，经过改造，胡同只剩残迹，只剩下20号的陈独秀旧居。

旧居门楼并不大，是典型的蛮子门，木门也早已斑驳不堪，但门墩和门簪还算保留完好。透过大门门缝，依稀可见里面乱糟糟的庭院。1917年，陈独秀应蔡元培之邀出任北京大学文科学长时就住在这里。后来他创办的《新青年》杂志也从上海迁到这里。陈独秀从1917年初到1920年初在这个院子里断断续续住了3年。1920年，他放弃北大每月300块银圆的高薪，从这里出发前往上海创建党组织。

▲ 陈独秀旧居

| 东黄城根、王府井片区 |

丰富胡同

丰富胡同是北京有名的老胡同，其北起大草厂胡同，南至灯市口西街，全长178米，宽3米。近年来，随着北京胡同游的兴起，其名声也日益见涨。主要原因还是因为老舍先生曾居住于此。从南首一进胡同，就可以在路西看到老舍故居。现在这里已经建起老舍纪念馆，供人们凭吊怀念。除了老舍故居外，此处并没有太多像样的大院子。

▲ 丰富胡同

不过，从老舍故居北行，可以看到一条小小的巷道。巷内虽然院落不多，但狭窄得很有韵味。巷内很安静，没多少行人。逛完喧闹的王府井大街后，可来此静静的小巷内随意游荡，定会有不可多得的享受。

老舍故居（老舍纪念馆）

老舍先生在北京解放前后居住过的地方共有10处，乃兹府丰盛胡同10号（今灯市口西街丰富胡同19号）是其在北京解放后住的地方。老舍在这里居住的时间最长，人生成就也最辉煌，他人生的最后一段时光是在这里度过的。四合院内布局紧凑，正门坐西朝东，进门往北是一座三合院，是故居的主体部分。院内正房为三间北房，左右各带一间耳房，西耳房即为老舍的书房，陈列着老舍先生生前使用过的眼镜、钢笔、墨水瓶等物品及其他文物。在这里，老舍曾接待过许多著名艺术家和中外友人，并且写下了《龙须沟》《茶馆》《神拳》等23部著作。在老舍故居中，可以深切地感受到老舍先生骨子里浓浓的北京情结。

▲ 老舍故居（老舍纪念馆）

▲ 老舍故居（老舍纪念馆）老舍雕像

老舍先生的故居"丹柿小院"

有句话这样描述老舍先生,说"老舍生在北京,长在北京,死在北京,他写了一辈子北京,老舍和北京分不开,没有北京,就没有老舍"。可见北京在老舍心目中有一个多么重要而崇高的地位。作为一个地地道道的北京人,老舍在北京的住所有10处,但是有一处是最出名的,就是位于北京东城区灯市口西街丰富胡同19号人称"丹柿小院"的一个四合小院。这个名字从何而来?老舍先生在这个小院里留下了怎样的故事?

1949年,老舍从美国回到了阔别多年的北京。为了能够把家人安置在北京,也为自己提供一个更有利的写作环境,老舍想购置一套房子。在征得了周总理的同意后,老舍实现了这个小小的心愿,在北京东城买下了一处普通的小四合院。1954年春,老舍在院中栽下两棵柿子树。于是,每当到了深秋时节,红柿缀满枝头,宛如一颗颗红色的灯笼,映红了整个小院。老舍的夫人胡絜青就为这个别有一番风情的小院取名为"丹柿小院"。

就是在这个"丹柿小院"里,老舍先生寄情写作,度过了人生中最辉煌的时期。也是从这个小院,老舍先生不堪"文化大革命"对他的身心迫害,走向了德胜门外的太平湖结束了自己的生命。

至今,院中的柿树仍然年年结果。每当红色的柿子挂满枝头,这个小院就充满了诗情画意,就仿佛老舍先生那充满诗情画意的一生。

▲ 老舍故居(老舍纪念馆)四合院

东黄城根、王府井片区

锡拉胡同

在北京东城区西南部王府井大街西侧有一条胡同,叫作锡拉胡同,相传过去这里是做锡器和蜡烛台的地方,所以,这条胡同才有了此有趣的名字。

其西至东黄城根南街。南邻东安门大街,北有支巷通韶九胡同,夹在利生体育市场和淘汇新天商城之间。就是在这条不起眼的小巷子里,曾经居住过许多风云人物,如清末国子监祭酒王懿荣、东阁大学士鹿传霖、军机大臣袁世凯、北平市长何思源。从锡拉胡同走出去的名人中最有影响力的莫过于慈禧太后。在进宫之前,慈禧就住在锡拉胡同,而她也是从这条小胡同的家中走入皇宫,参加秀女的初选,从而一步一步登上了权力的巅峰。

▲ 锡拉胡同

另外,这里还曾发生过两件大事:一是庚子之难,王懿荣全家殉难,可谓是满门忠烈;二是1949年1月何思源因呼吁和平在寓所被国民党特务安置的定时炸弹炸伤。

现在,胡同里保存最好的四合院是东城卫生局第一幼儿园。这所幼儿园可是招待过皇亲国戚的。20世纪六七十年代,柬埔寨的西哈努克亲王留居北京,把他的外孙女送到了这所幼儿园。有人还亲眼见过西哈努克亲王接小外孙女放学呢!

漫步在这条幽静的小巷,一种历史的沧桑感会油然而生。

▲ 清朝待选秀女

慈禧太后"老佛爷"称号的由来

1852年,叶赫那拉氏离开位于锡拉胡同的家,来到了戒备森严的紫禁城,从此以后与家人断绝了所有的直接联系。她也由青春少女慢慢变成了"老佛爷"。那为什么慈禧太后被称为"老佛爷"呢?

其实,"老佛爷"这个称号由来已久,是清朝历代皇帝的专用称呼,来自女真族首领称呼"满柱"的汉语译音,是"吉祥"的意思。慈禧太后之所以被人们尊称为"老佛爷",传说有一个故事。

光绪初年,刚满40岁的慈禧太后,为了达到她二度垂帘的目的,费尽了心机,耍尽了手段,但无奈阻碍重重,整日愁眉不展。心腹太监李莲英深知慈禧心事,为了讨好慈禧,便命人在万寿寺大雄宝殿的后面,依照慈禧的模样身形建了一座观音像。建成后,李莲英立即跑到慈禧跟前,对她说:"在万寿寺大雄宝殿常有双佛显光,实乃大吉大利之兆,奴才想请太后前去观看。"慈禧听后,也感到很奇怪,便

▲ 慈禧太后

赶到了万寿寺,直奔大雄宝殿,可是见到的仍是原来供奉的一尊三世佛,不由勃然大怒,呵斥李莲英:"明明与先前无异,何来双佛显光?"李莲英不慌不忙地对慈禧说:"太后息怒,请到后殿御览。"慈禧慢慢踱步至后殿,果然在三世佛的身后看见一慈眉善目的观世音端坐在殿中央,而且细看跟自己还有几分相似。正当慈禧疑惑之时,李莲英喊道:"老佛爷驾到。"寺院的住持和在场的文武大臣急忙跪伏高呼:"恭迎老佛爷!"

慈禧心中顿时明白了一半,但仍故作不解地问道:"你们迎接的是哪位老佛爷?"李莲英众人答道:"就是您这位太后老佛爷呀!您就是当今救苦救难的观世音菩萨啊!如今新皇尚幼,国不可一日无君,还望老佛爷能够垂帘听政,救大清臣民于水火之中啊!"这一席话,让慈禧心花怒放。自此,"老佛爷"这个称呼就传遍京城。慈禧顶着"老佛爷"的称号,心安理得地垂帘听政了。

▲ 慈禧太后的心腹太监李莲英

| 东黄城根、王府井片区 |

王懿荣发现甲骨文、悲壮投井

在锡拉胡同,发生过一件中国文字学和历史学的大事。光绪二十五年(1899),爱国志士王懿荣偶染疾病,请大夫开处方,其中有一味药名曰"龙骨"。家人从药铺买回药后,学识渊博、酷爱文物的王懿荣惊奇地发现龙骨上刻有类似篆文的文字。于是,一直痴迷于金石之学的王懿荣命家人将药店带有篆字的"龙骨"全部买下,并经过仔细的研究,判定这是古人在兽骨上刻的文字。后又经仔细的考订,确定此骨为商代卜骨,此文字比篆籀的历史还要久远。就这样,中国最古老的文字甲骨文第一次公之于世,引起史学界及文字学界不小的轰动。

▲ 王懿荣

关于王懿荣投井殉国的故事也是感人至深。清光绪二十六年(1900),八国联军进犯北京。王懿荣临危受命,担任京师团练大臣,负责保卫京城。后因寡不敌众,王军大败。王懿荣不愿做亡国奴,留词一首,偕继室谢夫人、长媳张夫人,从容投井殉国,时年55岁。

▲ 甲骨文(刻辞)

何思源遭暗杀而不惧

锡拉胡同还走出过两位北京市长。1948年,时任北平市长的何思源为北平和平解放而奔走呼号。恼羞成怒的蒋介石派人暗杀何思源。1949年冬日的一个凌晨,何思源在锡拉胡同的家遭遇炸弹袭击。熟睡中的何思源次女何鲁美重伤身亡。但是,何思源没有惧怕,并最终促成了北平的和平解放。而幸免于难的何家长女何鲁丽后来成为了北京的副市长,成就了何氏一家两代北京市长的传奇。

▲ 土方征涂朱卜骨刻辞(商)

077

王府井大街

▲ 王府古井

▲ 王府井大街

王府井大街南起东长安街，北至中国美术馆，全长约1 500米，是北京最有名的商业区。明代时这里称十王府、王府街，因王府街旁西侧有一口远近闻名的优质甜水井，地名也就因此而得。王府井的日用百货、五金电料、服装鞋帽、珠宝钻石、金银首饰等商品琳琅满目，进销量极大，是号称"日进斗金"的寸金之地。现在，王府井大街已经拥有了亚洲最大的商业楼宇和密度最大、最集中的大型商场、宾馆与专卖店，同时还是国内商业旅行社联结最近的大型购物场所和国有品牌、老字号最集中之地。改造后的王府井大街从金鱼胡同到与长安街相界的南口，810米长、略呈波浪形的大街两侧分布着12个大型商场，呈现着现代、新潮的商业风格。

| 东黄城根、王府井片区 |

▲ 首都剧场

首都剧场

首都剧场坐落在北京繁华的王府井大街上，是一座隶属于北京人民艺术剧院的专业剧场，建造于1954年，设计者为林乐义。它是新中国成立后建造的第一座以演出话剧为主的专业剧场，同时可以供大型歌舞、戏剧演出和放映电影之用。剧场在建筑风格上，借鉴了欧洲与俄罗斯的建筑风格，体现了东西方建筑艺术的完美结合，给人以庄重、典雅之感。

首都剧场依托北京人艺，创作并演出了许多具有鲜明"人艺演剧风格"的艺术作品，比较有代表性的剧目有《虎符》《蔡文姬》《武则天》《龙须沟》《骆驼祥子》《茶馆》《雷雨》《日出》等，都很值得一看。因为很多人都到剧场观看演出，因此观众要提前在相关演出网站上购票，以免错过好戏。

王府井步行街

王府井步行街南起东单三条，北至金鱼胡同，是王府井大街四段道路的其中一段，全长548米，宽约40米，具有数百年悠久历史，是北京著名的商业步行街，享有"金街"的美誉。

其街道主街宽敞平坦，地面由红色的花岗岩铺成，街上有独立的座椅。其风格以"现代""新潮"为主，主要景点有北京apm购物中心、王府井百货大楼、王府井小吃街、新中国儿童用品商店、丹耀大厦和工美大厦等，其中北京apm、王府井百货大楼和新中国儿童用品商店主要以购物和娱乐为主，王府井小吃街则汇聚全国各地特色小吃。

▲ 北京apm购物中心

▍日落时分王府井步行街熙熙攘攘的游客

| 多│视│角│下│的│北│京│胡│同 |

王府井小吃街

　　王府井小吃街是北京及各地名优风味小吃的荟萃之地，位于王府井大街好友世界商场的南侧，街内有店铺、摊位百余个，是一家专门经营北京及各地风味小吃、旅游纪念品、民间工艺品的市场。这条街非常红火，装修得还不错。东西形形色色，全国各地的饮食文化，都能在这里找到踪影。吃的东西以烤串居多，卖相凑合，味道一般，价格偏贵。不过，逛的就是这种热闹的气氛，除了吃小吃，还能看戏曲表演，感受一下老北京的氛围。

▲ 王府井小吃街

▲ 王府井小吃街：油炸糕

▲ 王府井小吃街：油炸冰激凌

东四、灯市口片区

这里保留着老北京最完整的传统居住区,深藏着经典的老院。那一座座古旧的门楼,一间间旧式的店铺,让人行走在街巷中如同穿越了时光隧道,回到那起始的年代。

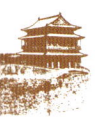

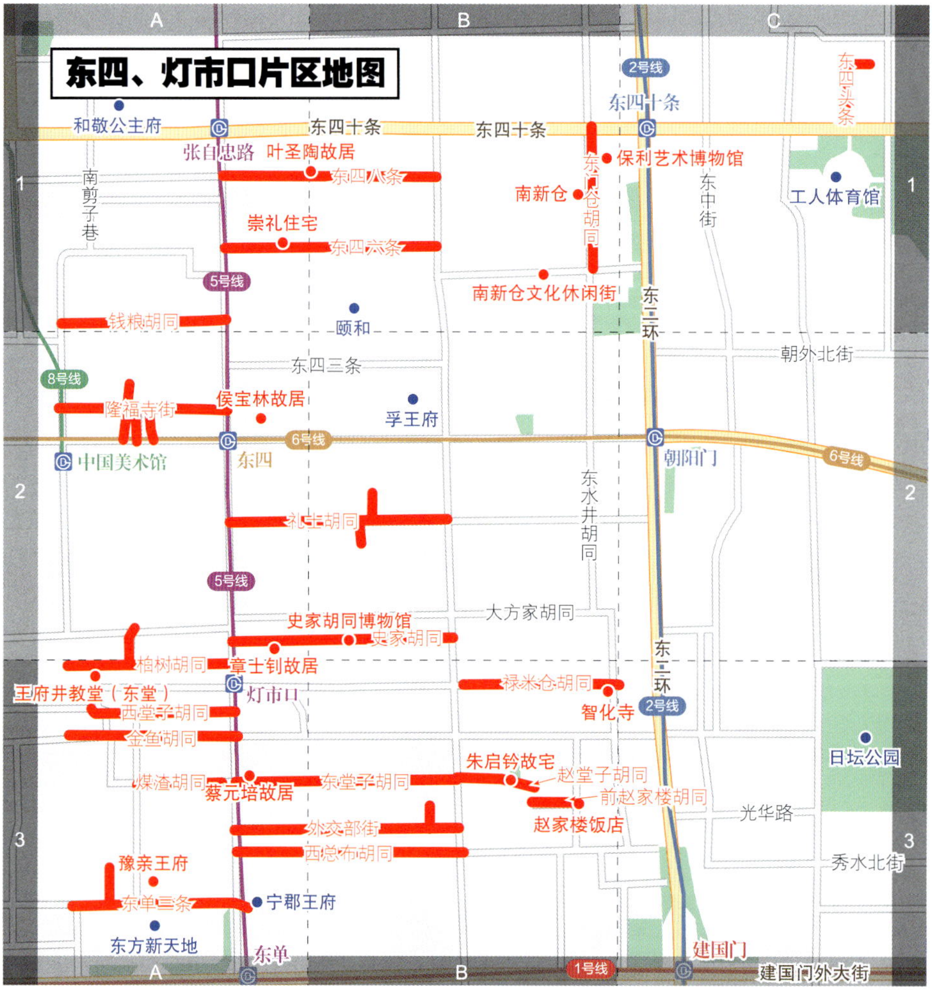

东四、灯市口片区地图
A
B
C
1
2
3
2号线
东四十条
东四头条
和敬公主府
张自忠路
叶圣陶故居
东四八条
保利艺术博物馆
东门仓胡同
南新仓
南剪子巷
东中街
工人体育馆
崇礼住宅
东四六条
5号线
南新仓文化休闲街
东二环
钱粮胡同
颐和
东四三条
朝外北街
8号线
隆福寺街
侯宝林故居
孚王府
6号线
中国美术馆
东四
朝阳门
东水井胡同
礼士胡同
大方家胡同
史家胡同博物馆
史家胡同
柏树胡同
章士钊故居
禄米仓胡同
王府井教堂（东堂）
灯市口
智化寺
西堂子胡同
金鱼胡同
日坛公园
朱启钤故宅
赵堂子胡同
煤渣胡同
蔡元培故居
东堂子胡同
前赵家楼胡同
赵家楼饭店
光华路
外交部街
西总布胡同
秀水北街
豫亲王府
东单三条
宁郡王府
东方新天地
东单
1号线
建国门
建国门外大街

南新仓

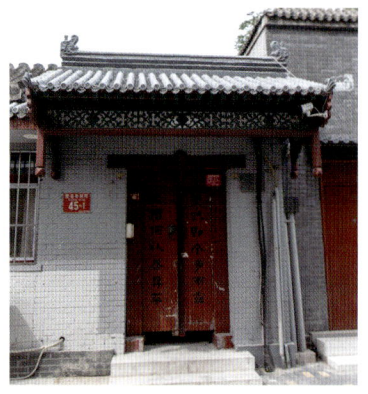

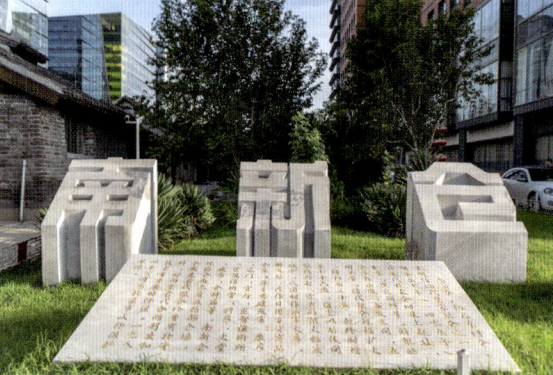

| 东四、灯市口片区 |

东单三条

　　东单三条，呈东西走向，东起东单北大街，西至王府井大街，北与校尉胡同相通，南与西授禄胡同相通，全长534米，均宽12米。这里明代属澄清坊，清代属镶白旗。乾隆时期以校尉胡同南口为界，分为东三条和西三条。宣统年间统称三条胡同。1965年定名为东单三条。"文革"时期称瑞金路三条，后复称。民国时期，东单三条内有：法国圣心女学校、政闻报社、日本同仁医院、日本电通社、瑞典使馆、北京铁工厂等。清代，这里住着豫亲王多铎。现在是豫亲王府（旧址），还是大名鼎鼎的协和医学院。晚清大学士爱新觉罗·麟书，也居住过东单三条。

　　东单三条集住宅、教堂、医院、大学、寺庙于一处，不愧是块文化荟萃之地。

▲ 东单三条

豫亲王府

　　豫亲王府位于东城区帅府园东口，今天协和医院的位置。清太祖努尔哈赤第十五子、多尔衮同母弟多铎，是第一位和硕豫亲王。从他始，承袭了豫亲王爵位的十三位王爷均居住于此。

▲ 清初名将多铎率部入南京图

多铎早于多尔衮去世，但多尔衮死后被追罪时也受到牵连，被追降为郡王。同时，已继袭亲王爵位的多尼也因父罪被降为信郡王。乾隆四十三年（1778），高宗追叙多铎的开国之功后，命复豫亲王爵，袭王修龄才由信郡王改号为豫亲王，信郡王府亦改称豫亲王府。

清朝灭亡后，为了维持家族庞大的开销，豫亲王的后人不得不把有着近300多年历史的豫亲王府卖给当时急于找地方建造医院的美国石油大王洛克菲勒。美国人拆掉了王府的所有建筑，请中美两国的专家设计，修造了中西合璧的协和医学院及附属医院。当时拆除时，还在王府的地下王宫挖出大量的金银财宝。协和医院利用了这些财宝，购买了当时最好的医疗设备和器械，聘请了许多著名的医生，成为了当时中国最好的综合性医院。

▲ 北京协和医学院

| 东四、灯市口片区 |

煤渣胡同

煤渣胡同位于王府井大街东侧，呈东西走向。东起东单北大街，西至校尉胡同，南与北帅府胡同相通，北邻金鱼胡同。全长316米，宽8米。明朝时称煤炸胡同。

清咸丰十一年（1861），曾在胡同设立神机营衙门，后被八国联军毁坏。光绪末年，清政府在神机营旧址办起"贵胄法政学堂"，入学的多是富家子弟。袁世凯执政后将之改为招待所。日伪时期，神机营旧址又成为日本宪兵队的住址。1945年后改为陆军部军需学校。当时，胡同内还有美国圣经会、英文北平《时事日报》，东口北侧有基督教青年会旧址。

▲ 煤渣胡同

1984年，位于煤渣胡同东口的"中华圣经会旧址"（今北京市基督教教务委员会）被确定为北京市文物保护单位。而神机营衙门旧址和冯国璋府邸都在20世纪60年代中期被拆除，改建成了居民楼。

不堪一击的神机营

神机营是明代京城禁卫军中三大营之一，是明朝军队中专门掌管火器的特殊部队。清朝沿用了明朝军制。咸丰十一年（1861），清政府在胡同中段路北设立神机营衙门，由恭亲王奕䜣率领，负责守卫紫禁城和三海，并扈从皇帝巡行。彼时，选八旗精锐一万五千人，配备新式步枪。自设立后，八旗京官竞来投效。煤渣胡同也顿时为旗人所瞩目。后随着清王朝的腐败，其训练逐渐松弛，战斗力下降。庚子年间，外国入侵，神机营不战而溃，连衙署也被八国联军毁坏。

▲ 恭亲王奕䜣

087

多视角下的北京胡同

金鱼胡同

金鱼胡同位于北京市东城区，灯市口大街南侧，呈东西走向。东起东单北大街，西至王府井大街，南与校尉胡同相通，北邻西堂子胡同。全长567米，西口宽12米，东口宽44米。明朝属澄清坊。清朝属镶白旗，沿称。

胡同内主要建筑有清末大学士那桐的府第，俗称那家花园。1988年被拆除。胡同中部路南有贤良寺，创建于清雍正十二年（1734）。原在校尉胡同之西，为怡亲王府邸。

▲ 那桐

乾隆二十年（1755），贤良寺移此。因该寺离皇城较近，常有外省进京述职官吏居于此。清末，李鸿章曾在这里居住和办公。现寺原建筑剩余无几。今日的金鱼胡同，道路宽敞，两旁台湾饭庄、和平宾馆、王府饭店等林立，昔日胡同景象早已不存。

▲ 北京和平宾馆

▲ 金鱼胡同

历史红尘：李鸿章富有争议的一生

李鸿章（1823—1901），是中国近代史上争议颇大的一个人物，而且也是一位影响了近代中国近半个世纪的晚清军政重臣。他一生中，代表清政府签订了不平等的条约30多个，从而背上了卖国贼的骂名。

李鸿章是安徽合肥人，少年时期就勤奋好学，后来拜入曾国藩门下，被其赞为"才可大用"。李鸿章在直隶总督兼北洋大臣任上秉政达25年，参与了清政府有关内政、外交、经济、军事等一系列重大举措。

▲ 李鸿章与孙子

▲ 1871年调任直隶总督时的李鸿章

他一手创办的淮军成为充当国防军角色的常备军；他推动的洋务运动，培养了一批科技人员和技术工人，在客观上刺激了中国资本主义的发展……

历史上人们对李鸿章有各种评价。有英国人、美国人认为，李鸿章不仅是中国在当代所孕育的最伟大的人物，而且综合各方面的才能来说，他是全世界在19世纪中最为独特的人物。以文人来说，他是卓越的；以军人来说，他在重要的战役中为国家做出了有价值的服务；以从政三十年的政治家来说，他为这个地球上最古老的人口最繁盛的国家的人民提供了公认的优良设施；以一个外交家来说，他的成就使其成为外交史上名列前茅的人。

日本人对李鸿章的评价是：知西来大势，识外国文明，想效法自强，有卓越的眼光和敏捷的手腕。

现代有很多人一直骂李鸿章是卖国贼，其实对外不平等条约的签订是当时国内政治的延续。清政府腐败无能，李鸿章忍辱负重，去签订条约。

▲ 安徽合肥李鸿章享堂李鸿章墓冢

多|视|角|下|的|北|京|胡|同

西堂子胡同

西堂子胡同，明代属澄清坊，称堂子胡同。明初曾移南方居民于北京。清代属镶白旗，称西堂子胡同。民国后沿称。

此处最著名的景点当数位于西堂子胡同25号、27号的四合院，原为清末军机大臣左宗棠住宅。1984年被列为北京市文物保护单位，现

精彩视频

▲ 西堂子胡同

为台湾饭店。路北原有清末大学士那桐的家庙。现胡同内尚有北京基督教青年会等单位。虽然，西堂子胡同的不少地方正在逐渐丧失传统的文化韵味，但我们仍然可以通过遗存的那些建筑，一窥当年的非凡魅力。

左宗棠旧居

左宗棠旧居是左宗棠1876年后在北京的住所。其由一组院落构成，格局基本完整，中间穿插有长廊、假山、花园等，被列为北京市文物保护单位。这一组院落中以25号院最为独特，为一个三进院落，宅门与正房以抄手游廊贯通，房内还留有清式楠木雕花隔断，精巧别致。20世纪30年代，国画家、清宗室溥雪斋也曾在此居住。如今，随着旧胡同的改造，这组院落已被拆除。

▲ 左宗棠使用的印章

▲ 拆除前的左宗棠旧居

| 东四、灯市口片区 |

柏树胡同

柏树胡同，位于王府井大街东侧，呈东西走向。其东起东四南大街，西至王府井大街。全长539米，宽9米。明代属澄清坊，称椿树胡同，相传因此地有一棵古椿树而得名。清代属镶白旗，沿称。1965年整顿地名时将马尾巴胡同并入，改称柏树胡同。胡同内的著名景点有：明代成化元年（1465）太监夏时所建的成寿寺，1988年拆除；26号院，住着曾获得诺贝尔文学奖提名的辜鸿铭。现胡同内多为居民住宅。

▲ 柏树胡同

历史红尘：民初文坛怪杰辜鸿铭

柏树胡同里最有名的人物当数26号院的主人，即清末民初驰名中外的文坛怪杰辜鸿铭。辜鸿铭（1857—1928），著名学者，福建同安（今属厦门）人，生于马来亚槟榔屿。他精通英文、法文、德文、拉丁文、希腊文、马来文等9种语言，通晓文学、儒学、法学、工学与土木等文、理各科。自称"一生四洋"，即：生在南洋，学在西洋，婚在东洋，仕在北洋。1913年，辜鸿铭获得了诺贝尔文学奖的提名。根据记载，26号院在胡同西段南侧凹进去的小夹道内，占地面积为130余平方米。街门面西，是一个随墙的小门楼。院内的三间北房是起脊瓦房，一间南房是灰顶平台，建筑面积有60平方米。当年，这个小院还有个雅号："晋安寄庐"。当时还有这么一句俗语："到北京可以不看三大殿，不可不看辜鸿铭。"遗憾的是，20世纪80年代，柏树胡同26号与相邻的院落一起被征用，改建成王府井旅馆。

▲ 辜鸿铭

王府井教堂(东堂)

　　王府井教堂,位于北京市东城区王府井大街,俗称东堂,又名圣约瑟堂、八面槽教堂,是顺治十二年(1655)耶稣会士在北京城区继宣武门天主堂之后兴建的第二所教堂。王府井教堂是北京四大天主教堂之一,为罗马式建筑风格,是中西建筑风格共融的典范。东堂院内,中间为天主堂,坐东朝西,共约

▲ 王府井教堂(东堂)内景

30间,堂顶立十字架3座,中间大,两旁小。堂内有18根圆形砖柱支撑,两侧挂着耶稣受难等多幅油画。堂南、西有教室,东有一院,内有花池、平房、楼房,为神父住处。东堂内曾保存有多幅宫廷画师郎世宁绘的圣像,嘉庆十二年(1807)失火后废止。

　　王府井教堂虽然身处闹市,却丝毫没减少它圣洁的气质,灰色的欧式尖顶建筑因其古老而透出一种神秘感,门前广场在绿树环绕中更具浓郁的人文色彩,在周围的现代化建筑映衬下,王府井天主教堂成了这条大街上的新景点。

▲ 王府井教堂(东堂)

▲ 圣约瑟雕像

东堂子胡同

东堂子胡同位于东城区建国门地区，是东单北大街路东从南往北数的第六条胡同，有近800年历史，是北京城中历史最悠久的胡同之一，长700多米。

东堂子胡同之所以出名，一是因为中国历史上第一个国家外交事务的专门机构——总理各国事务衙门，在此胡同的一个铁钱局旧址内成立；二是此处不远，有一条名为外交部街的胡同，它曾是新中国外交部的所在地；三是，此处还是近现代名人蔡元培、沈从文、吴阶平、林巧稚、丁西林等的故居。

▲ 东堂子胡同

蔡元培故居

蔡元培是中国近代史上著名的革命家、教育家、政治家、民主进步人士。其故居共有绍兴故居、杭州故居、上海故居和北京故居4处。在北京的故居位于东城区东堂子胡同75号。故居是一座坐北朝南的三进院落，建筑面积368.49平方米。故居原门牌33号，原大门在中间。现分为75、77号两个院落。蔡元培在此居住时，将5间倒座房作为客厅。院内房屋均为起脊合瓦房。二进院北房3间，前有走廊，左右各带1间耳房；东西厢房各3间，南房4间；第三进北房5间，带走廊。蔡元培从1917年到1920年租住于此。

▲ 蔡元培故居

▲ 蔡元培

| 多 | 视 | 角 | 下 的 | 北 | 京 | 胡 | 同 |

隆福寺街

"南有夫子庙，北有隆福寺。"隆福寺贯穿六个世纪，见证了北京城市的历史变迁，构成了独特的文化景观。隆福寺街，位于东城区人民政府南侧，呈东西走向。北侧毗邻张自忠路南历史文化保护区，南侧紧邻文化资源丰富的朝阜大街。隆福寺街，明代属仁寿坊，称隆福寺街，因此地有隆福寺而得名。当年，隆福寺和新街口的护国寺并称京城两大寺。寺庙周边人员众多，形成了各种各样的市场，从吃到穿，从住到行，无所不有。

近几年，经过改造后的隆福寺街已经脱胎换骨变身成为了一条文创聚集区，也是现在最火的打卡地之一。现在的隆福寺项目包括隆福大厦、隆福寺北里、长虹影城、隆福寺东院以及隆福寺南坊等，占地约6万平方米，建筑面积约18万平方米。位于隆福大厦屋顶的隆福文化中心，经常举办高品质、多元化的文化活动。顶层复建了隆福寺。顶层东西两侧观景台是欣赏北京老平房区的最佳位置。

▲ 隆福寺小吃：老北京豆汁和焦圈、咸菜

| 东四、灯市口片区 |

历史红尘：白魁老号的来历及特色

在北京东四隆福寺，有一家久负盛名的饮食老字号，名叫"白魁老号饭庄"。它是京城最著名的清真饭庄之一，以制作风味独特的烧羊肉而闻名遐迩。

清乾隆四十五年（1780），一个叫白魁的回民，在东城隆福寺斜对面的小街口，开了一家羊肉铺。他除了卖生牛羊肉外，也卖熟羊肉和羊杂碎。在煮制熟羊肉时，白魁渐渐有了经验，又创出了烧羊肉（即把羊肉炖熟后再经油炸，外焦里嫩，香酥可口）。此后，白魁的羊肉铺生意越来越好，后来便改为饭馆，起字号为"东广顺"。

在"东广顺"饭馆旁边，是一家以卖抻面闻名的老字号饭馆"隆盛馆"。"隆盛馆"开业于清初康熙年间。这里的厨师能把一根面条抻成一碗细丝，俗称"一窝丝"。来这里吃抻面的人，常常到白魁的"东广顺"买烧羊肉拌面吃。面上再浇上羊肉汤，实在是一道美味。因此，"东广顺"的烧羊肉也渐渐出了名。京人将其俗称为"白魁"，反而渐渐忘了"东广顺"的字号。

▲ 白魁老号饭庄

白魁老号之所以出名，除了经营特色外，也与其所处的隆福寺街关系密切。隆福寺是京城古庙之一，建于明朝景泰年间，一直是明宫廷的香火院。至清代，隆福寺演变为以商业活动为特色的京城四大庙会之一。它与西城的护国寺被称为"东庙""西庙"，是京城最热闹的大庙会。

▲ 白魁老号饭庄：豆汁

白魁老号位于隆福寺对面，因赶庙会的人多来此吃饭，故生意十分兴隆。清光绪二十七年（1901），隆福寺被大火烧毁一层大殿，庙内香火断绝，但商业更旺，各种摊点延至四外大街。每月的一、二、九、十日，是举办庙会的日子。白魁老号的烧羊肉面，也成为隆福寺庙会的名吃之一。

▲ 白魁老号饭庄：糖卷果

中华人民共和国成立后，白魁老号饭庄在原址上扩大了经营面积，增添了颇具特色的酱羊肉、酱牛羊杂碎、酱鸡等。其拿手菜"锅烧羊肉""香酥羊肉""扒羊肉条""烧肚板"等，在京城颇具名气。

095

▼ 蓝天白云下的隆福大厦楼顶空中庭院

钱粮胡同

钱粮胡同位于东城区西北部,东起东四北大街,西至大佛寺东街,南与轿子胡同、人民市场西巷、钱粮南巷、钱粮西巷相通,北与钱粮北巷相通。

钱粮胡同,明朝称钱堂胡同,因明时钱局设此而得名。清朝入关后,管理财政的机关叫户部,下属宝泉局管铸钱。彼时,宝泉局有4个厂,南厂就设在钱粮胡同。因为南厂铸的钱,主要是发放薪饷的,清朝把薪饷也叫钱粮,因此人们也就把南厂所在地称为钱粮胡同。民国时曾做过内城官医院。周边是达官贵人衙门的聚集地,豪宅居多。

▲ 钱粮胡同

▲ 大学士耆英宅旧址

钱粮胡同,现以21号的大学士耆英宅、19号的章太炎宅最为著名。

历史红尘:章太炎受困钱粮胡同

在钱粮胡同中间路西,有一处老宅,民主主义革命者章太炎曾在此居住过。1912年冬,袁世凯为笼络章太炎,任命他为"东三省筹边使"。

由于发挥不了多大作用,不久,章太炎便借故辞职。章太炎回北京后,民国三年(1914)七月,住进钱粮胡同。彼时,他处境艰难,身边服役之人,均是袁世凯安排的暗探。他们对来客随意阻止。为此,章太炎特制定了《约仆规则》,规定这些人每日必须向他请安,见面垂手鹄立,自称奴仆,不得擅自拦阻来客。另外,为抗议袁世凯的软禁,章太炎还宣布绝食数日。袁世凯称帝后,章太炎竟书写"速死"二字悬于壁上,以示与袁不共戴天。鲁迅先生曾4次到钱粮胡同看望章太炎。直到民国五年(1916)六月袁世凯死去,章太炎才恢复自由。其前后在此住了大约两年时光。

▲ 袁世凯囚禁章太炎之所旧址

| 东四、灯市口片区 |

西总布胡同

西总布胡同位于东城区东南部，东起朝阳门南小街，西至东单北大街，南临新开路胡同，北靠外交部街胡同。其明朝时称总铺胡同，因总铺衙署设于此而得名。清乾隆时称总部胡同，属镶白旗；宣统时以朝阳门南小街为界，分称东、西总布胡同。

▲ 西总布胡同

胡同西口曾有一座屈辱的石牌楼：克林德石牌。后移到中央公园内，先改为"公理战胜坊"，后改为"保卫和平坊"。

胡同内还有一处景点，为李鸿章公祠，建于光绪二十七年（1901）。1991年1月被全部拆除。

历史红尘：克林德碑——清政府丧权辱国的见证

清光绪二十六年（1900），民间兴起"义和拳"（"义和团"）运动。6月14日，德国驻华公使奥古斯特·冯·克林德率领部分德国士兵外出寻衅，开枪打死"义和团"团民20余人。5月20日，克林德乘轿前往总理衙门交涉，途经东单牌楼时，被清军军官恩海当场击毙。这就是所谓的"克林德事件"或"克林德之死"。

八国联军攻陷北京后，列强以"克林德之死"为借口，要清政府在"克大臣"被害之处竖立牌坊，以此表达中国皇帝的"惋惜之意"。

▲ 中山公园保卫和平牌坊

清光绪二十九年（1903），克林德牌坊按德国要求建成。在牌坊的坊心，还刻有以光绪皇帝之名撰写的碑文。它无疑是清政府丧权辱国的见证。

1918年，以德国为首的同盟国战败。作为国耻的克林德碑也就被人们拆除了。而协约国为了惩罚德国，也为了纪念第一次世界大战的胜利，责令德国把克林德碑移到当时的中央公园（今中山公园），并在此重建新的牌坊，改称"协约公理战胜纪念"坊（"公理战胜"坊）。

到1953年10月2日，亚洲及太平洋地区和平大会在北京召开，公理战胜坊正式更名为保卫和平坊。这座饱受屈辱的牌坊终于伴随着新中国的成立获得了新生。

历史红尘：清朝唯一建立的汉人祠堂——李公祠

大清统治下的中国是"满人的天下"，然而就是在满洲贵族统治下的北京，由光绪皇帝亲自批示为一位汉族官员建立了祠堂，并为祠堂亲笔题写了匾额。这座祠堂就是为纪念清朝汉族重臣李鸿章而建的。清代，在京师为汉人官员建专祠的唯李鸿章一人。李鸿章何以能够享此殊荣？

其实，这是因为清王朝认为李鸿章功勋卓著，特此表奖。李鸿章因镇压太平天国运动而发迹，因倡导洋务运动而官运亨通。官至两广

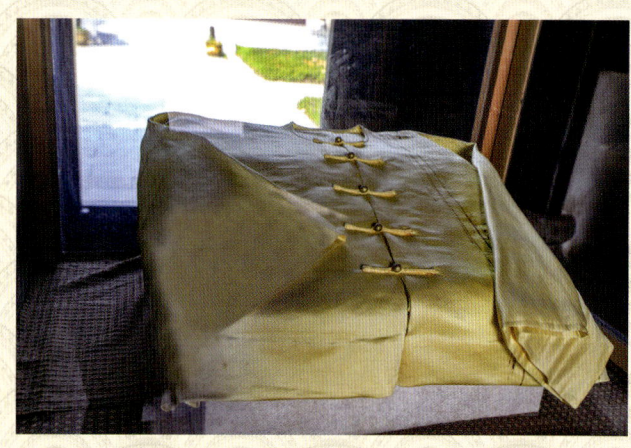
▲ 1895年李鸿章签订《马关条约》遇刺时所着血衣

总督、直隶总督兼北洋大臣，掌握了清政府的外交、军事、经济大权。李鸿章参与签订了《中俄密约》《中法新约》《马关条约》《辛丑条约》等中国近代史上一系列的卖国条约，一度被称为卖国贼。签订了这些卖国条约，李鸿章自然成为爱国志士抨击的众矢之的。甲午战争后，年逾七旬的李鸿章奉命出使日本，遭日本浪人小山丰太郎枪击，险些命丧东瀛。八国联军侵入北京后，已是耄耋之年的李鸿章被召入京，与联军议和，签订了《辛丑条约》。可以说，签订《辛丑条约》，李鸿章也搭上了自己的一条性命。条约签订后不久，李鸿章就因腹疾和精神压力而去世。朝廷本想使李鸿章配享太庙，因有些官员的力阻没有实行，转而为他修建了这座祠堂。

▲ 1901年李鸿章签订《辛丑条约》场景

李鸿章负责与侵略者签订了一系列的屈辱条约，他为摇摇欲坠的大清王朝鞠躬尽瘁死而后已。清王朝为其修建祠堂，也算是对他的褒奖和回报。

| 东四、灯市口片区 |

外交部街

外交部街是位于北京东城区朝阳门南小街南部靠西侧的一条胡同，因民国时的外交部和新中国的外交部均设于此，故称为外交部街。

中华人民共和国外交部旧址位于外交部街33号，最早是明朝明英宗时期的权臣石亨的宅邸，因此，外交部街原名为石大人胡同。石亨的府邸当时占据了胡同北段1/4的地段，豪华气派堪比王府。后由于石亨有谋反的迹象，故被抄家，宅院也被收

▲ 清外务部迎宾馆大门

回。明万历年间，明神宗的女儿寿宁公主下嫁冉兴让，这里就成为了冉驸马府。冉驸马为府邸取名为宜园，这里就以东城八大名园之一而闻名。明朝末年，工部在这里修建了铸造铜钱的宝源局。清宣统末年，为迎接访华的德国皇太子，清政府在这里修建了当时北京城最豪华的西洋建筑——外务部迎宾馆。后来，袁世凯看中了这座建筑，遂把它当作了临时大总统府。1912年，孙中山先生来京时，这里是他的临时行辕。孙中山先生离京南下，北洋政府外交部搬到此处，一直到1928年，这里一直是民国政府外交部所在地。这条街因此就被称为外交部街。

▲ 协和医院住宅群

1913年，由美国洛克菲勒基金会出资兴建协和医院别墅，用作协和医学院外籍教师的寓所，其中建筑均为精致的西式别墅、小楼。这些西式建筑至今保存完好。2003年，协和医院别墅成为北京市文物保护单位。

| 多 | 视 | 角 | 下 | 的 | 北 | 京 | 胡 | 同 |

史家胡同

精彩音频

史家胡同位于北京市东城区。东起朝内南小街,西至东四南大街,南与东、西罗圈胡同相通,北邻内务部街。史家胡同建筑整齐,不仅大宅门多,名人也多。紧挨的 3 个大宅门竟然都挂有"东城区文物保护单位"的牌子,这种现象在一个胡同里是罕见的。胡同西首的 51 号是章士钊故居,53 号最早是明末大臣史可法的宅邸,后来又成了清朝大太监李莲英的外宅,中华人民共和国成立后,

▲ 史家胡同

邓颖超、康克清等领导同志都曾在此办公。沿着胡同东行,你会惊讶地发现胡同两侧挂有"保护院落"牌子的旧宅大院在胡同里比比皆是。游走在这条胡同,满目迎来的都是经典之作,无论是规整的宅门,还是精致的门楼砖雕,抑或是形状各异的古旧门墩,无一不让人叹为观止。

章士钊故居

章士钊故居位于史家胡同 51 号。章士钊 1949 年举家迁至北京后,在周总理的安排下住进了此院。这是一座典型的官邸式四合院,大气、庄重。原先有 3 个院落——前院、中院和后院,中院是主院,后院是附院,前院和中院之间的南北双朝向的一排房子是穿堂,大概都用作接待来客的前厅。现在该院南半部分为好园宾馆,北半部分为单位宿舍。从今天的景观,依然可以一窥当年这个四合院的气派。

▲ 章士钊故居

102

| 东四、灯市口片区 |

史家胡同博物馆

史家胡同博物馆位于东城区史家胡同24号院，为北京首家胡同博物馆，2013年10月19日正式对外开放。

博物馆旧时主人是秦思源的外祖母——凌叔华。作为民国三大才女之一，她常在自己居住的院内举办当时画家名流的聚会。后凌叔华的女儿陈小滢女士将这所宅院的产权转让给街道，建立了这座胡同博物馆。

整个博物馆占地1000多平方米，设有8个展厅和1个多功能厅。这些各式各样的展品原样重现了当时的胡同生活，如20世纪二三十年代的聘文复印件、淡出市民生活不久的公交

▲ 史家胡同博物馆大门

▲ "五六十年代的记忆"屋内陈设品

票证、五六十年代和七八十年代的北京家庭布置等。这些物品大多是从居民手中征集到的，它们是历史的见证，记录了史家胡同的变迁。

另外，在历史展厅里，正中间是一个七八米长、两三米宽的史家胡同沙盘。其灰墙灰瓦，130个院落整体排列着。这些院落里，历史上居住过不少名人，演绎了许多历史故事。

▲ 史家胡同沙盘图

103

多|视|角|下|的|北|京|胡|同

禄米仓胡同

禄米仓胡同位于东城区东南部，东起小牌坊胡同，西至朝阳门南小街，南有二支巷通小雅宝胡同，北与武学胡同、东八宝胡同、禄米仓东巷、禄米仓西巷相通。禄米仓是明、清两朝存储京官俸米的地方。禄米仓之北，明时有旧太仓，再北有海运仓，海运仓之西有新太仓。清朝建立后，新太仓裁撤，海运仓分为北新仓、海运仓，旧太仓分为南新仓、旧太仓、兴平仓、富新仓。民国时，诸仓改为他用，海运仓改为朝阳学院，旧太仓改为陆军医院，禄米仓改为联勤总部平津被服总厂。禄米仓现被军需装备研究所占用。今胡同东口北侧有智化寺，为国家级文物保护单位。

智化寺

智化寺，位于北京市东城区禄米仓东口路北，建于明正统九年（1444），距今已有近600

▲ 智化寺山门

| 东四、灯市口片区 |

▲ 蓝天白云下的智化寺歇山顶

年的历史。智化寺当年仿唐宋"伽蓝七堂"规制而建，其庄重典雅、用料独特的黑琉璃瓦顶，素雅清新的装饰彩绘，精美古朴的佛教艺术，有"中国古音乐活化石"美誉的"智化寺京音乐"，都是不可多得的瑰宝。它保存完整的四进殿宇，堪称目前北京市内最大的明代木结构建筑群，有山门、智化门、智化殿、藏殿、大智殿、如来殿、万佛殿、万佛阁、大悲座等特色建筑，同时又是一处集造像、佛经、壁画、音乐等佛教艺术于一体的禅林净土。1992年，在智化寺原址上成立的北京文博交流馆，是一座以促进发展、传播和研究文物、博物馆、民间收藏、文化交流为中心任务的综合性博物馆。自此，古老的智化寺被赋予了新的历史使命。

　　智化寺以其保存完整、高深美妙的佛教音乐而闻名于世。智化寺的"貔貅"远近闻名，是用一种非常珍贵的乌木雕刻而成的，被称为北京"四气"中的财气。

▲ 智化寺京音乐演奏乐器：云锣

105

 多 视 角 下 的 北 京 胡 同

▲ 智化寺如来殿、万佛阁夜景

▼ 泥塑智化寺京音乐演出阵容

| 东四、灯市口片区 |

▲ 智化寺藏殿夜景

▲ 智化寺智化殿夜景

▲ 智化寺智化殿内景

| 多 | 视 | 角 | 下 | 的 | 北 | 京 | 胡 | 同 |

礼士胡同

精彩视频

礼士胡同地处朝阳门南小街路西，明代时称为驴市胡同，曾经是商贸繁华的地段，民国初年改名为礼士胡同，取"礼贤下士"之意。清朝宰相刘墉曾在这条小胡同里住过，电视剧《宰相刘罗锅》播出之后，很多人特意到这条幽静的小胡同里来寻访刘墉故居。可惜的是，由于年代久远，故居主人频繁更换，故居的具体位置还存在着争议，目前，较为一致的看法是43号院是刘墉的故居。不过，如今这个院子破坏得比较严重，杂乱无章，已经不复有当年的气势。所幸的是，礼士胡同整体保存还算良好，胡同的古味儿很浓厚。北侧的129号院不能错过，深受观众喜爱的电视连续剧《大宅门》便是在此拍摄的。其临街高大的八字墙和院墙上有很多精致的砖雕，院前还有雕有精美花纹的石礅以及硕大的上马石。此外，在胡同东首的北侧墙壁上还可以看到字体隽秀的"紫气东来"的字

▲ 礼士胡同"紫气东来"字刻

▲ 礼士胡同

| 东四、灯市口片区 |

刻,这种街首的字迹在北京已很少见了。

129号院——清末武昌知府宾俊宅

在礼士胡同西头,有一座四合院非常气派,那就是129号院。此宅原是清末武昌知府宾俊的宅邸,其子锡琅败家,将宅出售,后被投机米商李彦青所得。李彦青在曹锟当政时被枪毙,该宅又被卖给一位大律师汪颖。时间不长,又转手给天津盐商李善人之子李颂臣。李颂臣买来后,重新设计,建成了今日规模。此宅院坐北朝南,占地约1200平方米,临街有3间大门,院内由住宅和花园两部分组成,规模浩大。大门两边为一道宽大的八字形屏墙,在长长的院墙和八字墙上,雕刻着极为华丽的砖雕。这些砖雕工艺精湛,据说在故宫都找不到。

这所宅子曾被许多人误认为是清代乾隆年间大学士刘墉的宅子,其实乃是清末武昌知府宾俊宅。

▲ 礼士胡同129号院:宾俊宅邸旧址

东四头条

东四头条位于老外交部西侧，西起东四北大街，原东段在延福宫后身通过，后转南北向。现胡同全长193米，宽5米。明朝属思诚坊，称头条胡同；清朝属正白旗，沿用头条胡同。1949年后称东四头条。"文化大革命"中曾改称红日路头条，后恢复东四头条。1969年因建设外交部

▲ 东四头条

大楼，胡同被截断。东段南北向部分为文化部宿舍的出口。

茅盾最初的家在东四头条胡同5号，中华人民共和国成立前，这里曾是北京协和华语学校的中国研究院，专为外国传教士和学习汉语的外国人开设。1974年11月，茅盾搬到了东城区后圆恩寺胡同13号。在1980年左右此处已经改建。

侯宝林故居

侯宝林故居位于东四头条19号，从1987年到1993年，侯宝林就是在这条胡同里度过了他最后6年的时光。他把这里当作"书斋"，不少经典段子都诞生于此。

此处小院占地不大，在胡同中并不很起眼。故居经过翻修后，灰墙红窗依旧，只是两间北房和三间南房被合并成一套三开间的大屋。

▲ 侯宝林故居

| 东四、灯市口片区

东四六条

▲ 东四六条

东四六条位于东城区东部，东起朝阳门北小街，西至东四北大街，南与月牙胡同、流水巷、育芳胡同相通，北与月光胡同、南板桥胡同、德华里、石桥胡同相通，因在东四北大街诸胡同中排列为第六而得名。

崇礼住宅

崇礼住宅是清光绪朝大学士崇礼的宅第，位于东四六条西口内，门牌63号、65号。崇礼住宅建于清光绪年间。其后虽经几度转手，但主要建筑格局没有大的变化。当时栋宇华丽，仅逊于王府，号称"东城之冠"。

该宅院坐北朝南，建筑面积5298平方米。分东、西、中三路。院内可分3区，即东、西住宅区和中间的花园区，均相互通连。

崇礼，字受之，汉军正白旗人，光绪二十六年（1900）授东阁大学士转文渊阁大学士。他为人平庸，因和清朝皇室有姻亲关系，故得慈禧太后垂青而官运亨通。

目前该处宅院已成私宅，且分割纷乱，无法参观。

▲ 崇礼住宅旧址

111

东四八条

▲ 东四八条

东四八条位于东城区东部，东起朝阳门北小街，西至东四北大街，南与石桥胡同、南板桥胡同相通，北有支巷通东四九条。因其在东四北大街东侧诸胡同中排列为第八而得名。

其明朝属居贤坊，称正觉寺胡同，因胡同中部北侧建有正觉寺而得名。据《燕都丛考》记载，正觉寺建于明正统十年（1445），有敕建碑。

清朝属正白旗，民国沿称。新中国成立后改称东四八条。"文革"中一度改称红日路八条，后恢复原名。胡同内71号院，原是清代为宫中掌管帘子的王姓官吏所盖的一座房子，新中国成立后为教育家叶圣陶故居。

▲ 叶圣陶故居

叶圣陶故居

叶圣陶故居位于东四八条中部，为71号院。该院建于清中后期，原为清内务府掌管帘子库官员的住宅。新中国成立后为叶圣陶先生的寓所。现为其家属所居。

该院为三进四合院，坐北朝南。门内有一字影壁，倒座房三间，门房两间。院内种满了花草，有两棵大海棠树，每逢春天，枝头缀满了粉红色的海棠花。

叶圣陶，是我国著名作家、教育家、编辑家、出版家和社会活动家。新中国成立后，曾担任出版总署副署长、人民教育出版社社长、教育部副部长。叶圣陶曾住过很多地方，但这里是他一生中居住时间最长的。他在此曾创作了《叶圣陶童话选》《叶圣陶散文甲集》《叶圣陶散文乙集》等多部作品。

| 东四、灯市口片区 |

前赵家楼胡同

前赵家楼胡同位于东城区东南部，其东起北总布胡同，西至宝珠子胡同，南临小羊宜宾胡同。前赵家楼胡同，清代时属镶白旗。据《京师坊巷志稿》记载，因胡同内有一赵家三层小楼而得名。因1919年5月4日五四运动的"火烧赵家楼"而闻名。

传说明隆庆朝文渊阁大学士赵贞吉在此居住。胡同1号院就是卖国贼曹汝霖的住宅。现曹宅早已荡然无存，但前赵家楼胡同依然存在。现为某单位招待所。

▲ 前赵家楼胡同

火烧赵家楼

1919年，西方列强们强加给中国人民"二十一条"，这激起了北京爱国学生的愤怒。5月4日当天，3000多名大学生高喊着"外争国权，内惩国贼""取消二十一条"等口号，在天安门前集会，要求惩办曹汝霖、章宗祥、陆宗舆。会后游行队伍到了赵家楼，将章宗祥一顿痛打，并火烧了曹汝霖的家，这就是"五四"运动中有名的"火烧赵家楼"事件，并由此拉开了"五四"运动的序幕。

▲ "五四"运动火烧赵家楼遗址（赵家楼饭店）

▲ 1919年7月，华民印刷所印行的《卖国贼之二曹汝霖》

赵堂子胡同

赵堂子胡同，位于东城区东南部，呈东西走向，东端曲折，东起宝盖胡同，西至朝阳门南小街，南与阳照胡同相通，北临盛芳胡同。

赵堂子胡同，清朝属镶白旗，以朝阳门南小街为界，以西称东堂子胡同，以东称赵堂子胡同。此胡同东端同其他四条胡同相交，即西南阳照胡同、正东后赵家楼胡同、正南宝珠子胡同、正北宝盖胡同。五条胡同相交，人称"五路通祥"。

▲ 赵堂子胡同

朱启钤故宅

位于赵堂子胡同3号，是朱启钤在20世纪30年代购置的，当时还是一座未完成的建筑，后由他亲自设计督造，建成为一处大型宅院。

此宅院占地约3000平方米，以一条贯穿南北的走廊为中轴线，将整个宅院分成东西两部分，建筑独具特色。

该院建成后，前半部为"中国营造学社"，后半部是朱启钤及其眷属的住宅。北平沦陷时期，日本侵略者强行购买此宅，抗战胜利后又发还朱家。新中国成立后，朱启钤将此宅献给国家，全家迁入东四八条111号。1986年1月21日，赵堂子胡同3号被公布为东城区文物保护单位，现为某单位宿舍。

▲ 朱启钤故宅

东门仓胡同

东门仓胡同，位于东城区东部，朝阳门北大街西侧，属东四街道办事处管辖。其整体呈东西走向，东起豆咀胡同，西至东门仓胡同，中与北豆芽胡同相交。全长147米，宽5米，沥青路面。

东门仓胡同，在民国三十六年（1947）称横胡同。1949年后称现名。其东段"文化大革命"时一度改称红小兵胡同，后恢复原名。现以附近的南新仓、南新仓文化休闲街、保利艺术博物馆为名。

▲ 东门仓胡同

南新仓

南新仓位于东门仓胡同西部，俗称东门仓，是明清两朝京都储藏皇粮、俸米的皇家官仓。明永乐七年（1409），为解决北方粮食产量不足、急需南粮北运的问题，在元代北太仓的基础上起建，至今有600余年历史。

南新仓现保留古仓廒9座，是全国仅有、北京现存规模最大、现状保存最完好的皇家仓厂，是京都史、漕运史、仓储史的历史见证。1984 年公布为北京市文物保护单位。其建筑形制凝聚着我国古代劳动人民勤劳、勇敢、智慧的结晶。

▲ 南新仓

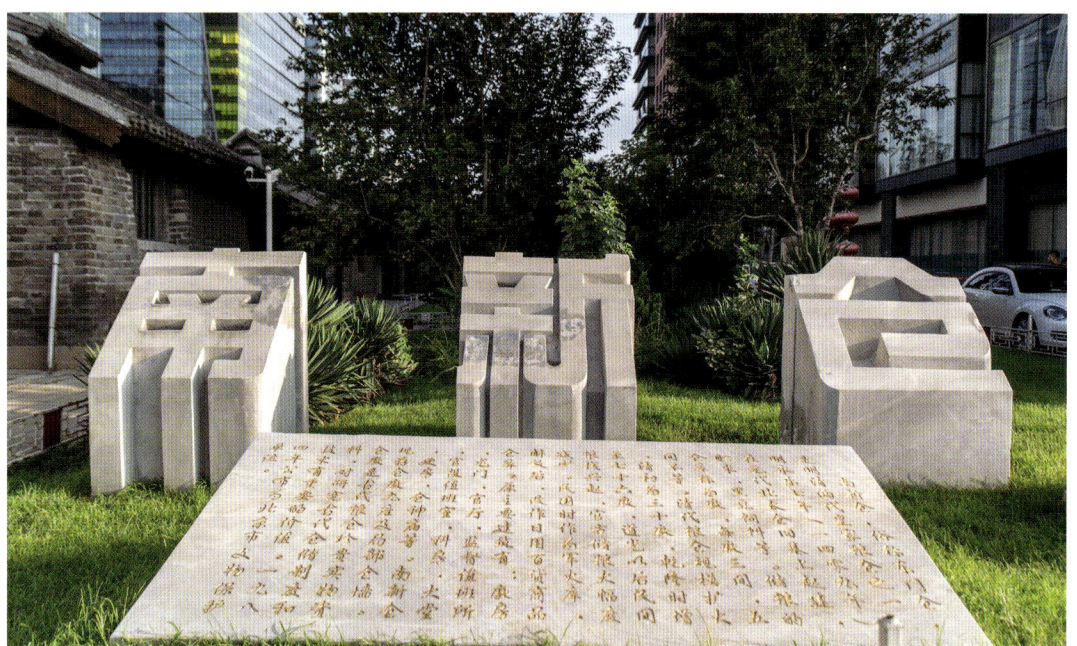

▲ 南新仓

| 东四、灯市口片区 |

南新仓文化休闲街

南新仓文化休闲街位于东门仓胡同西部，是北京在挖掘、传承南新仓历史文化的基础上，按照"新的在旧的中，时尚在历史中"的原则，倾力打造的一处独具魅力的特色街区。街区内有各种中外特色风味餐厅，是中高端消费群体休闲、会友、欢聚、交流的好地方。休闲街以美食为特色，在活跃东城餐饮市场、弘扬东城美食文化、展示传统特色技艺、提升东城餐饮行业整体水平、拉动区域经济增长等方面，发挥了自己的独特作用。

▲ 南新仓文化休闲街内的天下盐饭店

南新仓文化休闲街不仅汇聚了一批具有特色、水平一流的美食店家，而且还会举办多种形式的美食节，为游客献上美味大餐，如果您想亲身体验的话，请随时关注休闲街官网，以便了解有关信息。

▲ 南新仓文化休闲街

117

保利艺术博物馆

保利艺术博物馆位于东门仓胡同东部，从属于中国保利集团。1998年12月成立，1999年12月正式对外开放。为我国首家国有大型企业兴办的艺术类博物馆。保利艺术博物馆现建有两个专题陈列馆，其中"中国古代青铜艺术精品陈列"，展出商代早期至唐代（约公元前16世纪至公元9世纪）的青铜珍品150余件（组），展现中国古代青铜文明的发展历程与独特魅力；"中国古代石刻佛教造像艺术精品陈列"，通过60余件北朝至唐代（公元5世纪至8世纪）的石刻佛像，勾勒出巅峰期中国佛教艺术的风采。

2000年5月，保利集团将100多年前遭列强掠夺的3件圆明园国宝——牛首、猴首、虎首铜像抢救回国，受到了海内外的广泛好评，现收藏在保利艺术博物馆。

▲ 保利艺术博物馆藏：菩萨头像（唐）

▲ 保利艺术博物馆藏：倗季凤鸟尊（西周）

| 东四、灯市口片区 |

知识拓展：圆明园十二生肖兽首铜像究竟身在何处？

　　十二生肖兽首铜像原为圆明园海晏堂外喷泉建筑的一部分，是清朝乾隆年间宫廷西洋画师意大利人郎世宁主持设计的，融合中西风格，具有极高的艺术价值和鉴赏价值。令人遗憾的是，随着1860年英法联军在圆明园的一把大火，这些史无前例的伟大作品开始流失海外。

▲ 被英法联军焚毁后的圆明园大水法遗址

　　圆明园古迹海晏堂，是西洋楼最大的宫殿，建于1759年。其"海晏"一词取意"河清海晏，国泰民安"，比喻天下太平，有歌颂世界和平的吉祥寓意。这十二只兽面人身铜像，呈八字形立于圆明园海晏堂前大型水池左右，每昼夜依次辍流喷水，各一时辰（2小时），到正午时刻，则一齐喷水，俗称"水力钟"。其初，本来准

▲ 圆明园海晏堂复原图

119

备设计为欧洲风格的裸体女人像，但乾隆帝觉得不合中国风俗，有悖中国伦理，就改为十二生肖兽首铜像。

十二生肖兽首铜像对于每一个中华儿女来说都有一种道不清的情怀，它是国耻的见证。近些年来，一些爱国企业和友好人士积极抢救和保护这些流散在海外的中国珍贵文物。截至2019年11月，牛首、猴首、虎首、猪首、鼠首、兔首、马首等七尊圆明园流失兽首铜像通过不同的方式回归祖国大陆。

2000年4月底和5月初，在香港佳士得和香港苏富比的拍卖会上，牛首、猴首和虎首三件铜像现身，引起了中国香港和内地各界人士的极大愤慨。不过，中国保利集团毅然参加拍卖，分别以774.5万元港币拍得牛首、818.5万元港币竞得猴首，而虎首则以1544.475万元港币成交。

▲ 保利艺术博物馆藏：圆明园牛首铜像

▲ 保利艺术博物馆藏：圆明园猴首铜像

▲ 保利艺术博物馆藏：圆明园虎首铜像

| 东四、灯市口片区 |

2003年，何鸿燊先生出资购回猪首铜像，将其捐献给保利艺术博物馆。

2007年9月20日，何鸿燊又以6910万港元将马首铜像成功收回。2019年10月31日，"圆明园马首铜像归藏国家"启动仪式在澳门举行。

2019年11月13日，文旅部、国家文物局在中国国家博物馆举行马首铜像捐赠仪式；后决定将马首划拨北京市圆明园管理处收藏，回归原属地。自2020年12月1日起，圆明园正觉寺举行"百年梦圆——圆明园马首铜像回归展"。如果想一睹国宝容颜，可预约参观。

2013年4月26日，法国皮诺家族在北京宣布向中国无偿捐赠鼠首和兔首。2009年2月25日晚，在法国巴黎大皇宫举办的拍卖会上，这两尊铜像在最终均以1400万欧元成交，比起1985年马首铜像售价的1500美元，24年来涨了1.2万倍。

▲ 保利艺术博物馆藏：圆明园猪首铜像

▲ 圆明园管理处藏：圆明园马首铜像

▲ 圆明园管理处藏：圆明园马首铜像

▲ 圆明园管理处藏：圆明园马首铜像局部（眼睛）

▲ 圆明园管理处藏：圆明园马首铜像局部（耳朵）

龙首在哪里？据台湾收藏家王度说，龙首现在在台湾某收藏家手中，保存完好，但短期内不会现身拍卖。至于十二生肖兽首中的蛇首、羊首、鸡首、狗首却从未出现在世人眼中，它们现在究竟存于何处，尚需进一步考证。

▲ 中国国家博物馆藏：圆明园鼠首铜像

▲ 中国国家博物馆藏：圆明园兔首铜像

北新桥、雍和宫片区

游览该片区，最值得欣赏的是雍和宫，雍和宫内庄严肃穆，弥漫着浓厚的佛家气息。若想体验，亦可选择对着佛像虔诚拜一下，仔细体味藏传佛教的精髓。

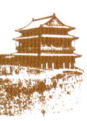

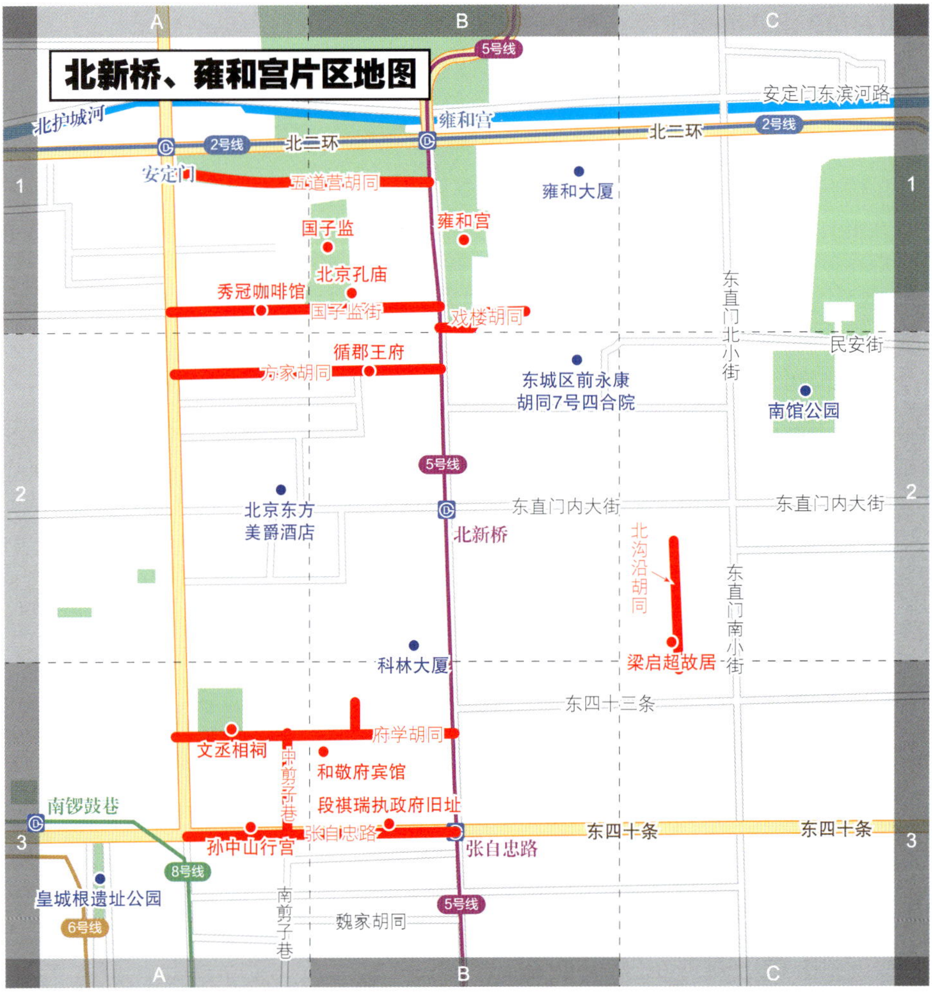
北新桥、雍和宫片区地图
A
B
C
1
2
3
5号线
2号线
6号线
8号线
北护城河
安定门东滨河路
北二环
雍和宫
安定门
五道营胡同
雍和大厦
国子监
北京孔庙
秀冠咖啡馆
国子监街
戏楼胡同
东直门北小街
民安街
循郡王府
方家胡同
东城区前永康
胡同7号四合院
南馆公园
北京东方
美爵酒店
东直门内大街
北新桥
北沟沿胡同
东直门南小街
科林大厦
梁启超故居
东四十三条
府学胡同
文丞相祠
中剪子巷
和敬府宾馆
南锣鼓巷
段祺瑞执政府旧址
张自忠路
东四十条
孙中山行宫
皇城根遗址公园
南剪子巷
魏家胡同

萬古綱常

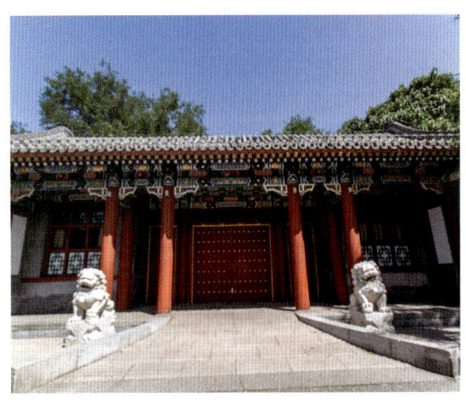

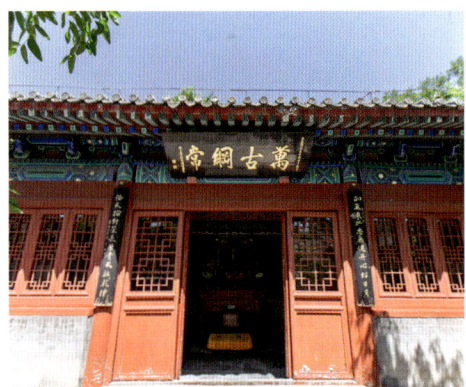

| 北新桥、雍和宫片区 |

府学胡同

府学胡同是一条书香气息浓厚的老北京胡同，位于东城区西北部，东起东四北大街，西至交道口南大街，南与中剪子巷相通，北与北剪子巷、文丞相胡同相通。

府学胡同，明朝属教忠坊，称府学胡同，因顺天府学设在此而得名。府学是指旧时官办的学校。顺天府学的前身是元代的报恩寺。明洪武初年，大都改为北平府，元代的国子监遂改为北平府学。清朝属镶黄旗，胡同名称沿用，成为明清两朝北京士子进修、学习、考试的地方。

现在的府学胡同小学就是当年府学所在地。这里保存较好的名胜古迹有府学胡同65号的顺天府学旧址，以及府学胡同63号的文天祥祠。

▲ 顺天府学旧址

文丞相祠

在全国各地，有许多为纪念文天祥而修建的祠堂、庙宇等建筑物，而其中最有代表性的当数北京的文天祥祠了。

元世祖至元十六年（1279），兵败被俘的文天祥被押解到元大都，被关押在兵马司土牢中，开始了他近4年的囚禁生涯。明洪武九年（1376），在文天祥就义和被囚禁之地附近现北京市府学胡同63号，修建了这座文天祥祠。经后代的不断修缮和扩建，使这座祠堂颇具规模。文天祥祠坐北朝南，由大门、过厅和祠堂组成。过厅和正堂设有文天祥生平事迹展及塑像，正堂还有一屏风，上面有毛泽东手书的"人生自古谁无死，留取丹心照汗青"的文天祥诗句。院内墙上还刻有文天祥的正气歌，并有一歪脖枣树相传为文天祥亲手所植。

这个记录文天祥最后足迹的简洁朴素的小院向人们展示了文天祥光明磊落、清白高尚的人生的最后几年。

▲ 文丞相祠大门

▲ 文丞相祠院内歪脖枣树

| 北新桥、雍和宫片区 |

国子监街

国子监街,又称国子监胡同,位于北京市东城区安定门内,是一条东西向的胡同。在清代时,这条街名为"成贤街",是因为孔庙和国子监在这条街上而得名。2008年6月,有着700多年历史的国子监街修复完成,国子监古街以"旧面容"示人。经过修缮后的孔庙和国子监已经恢复了历史上的格局与规制,北京市在其基础上建立了北京孔庙和国子监博物馆。国子监街还是北京仅存的有牌楼的街道,街上有4座牌楼,东西街口各一座,额题为"成贤街";国子监附近左右各一座,额题为"国子监"。

▲ 成贤街牌坊

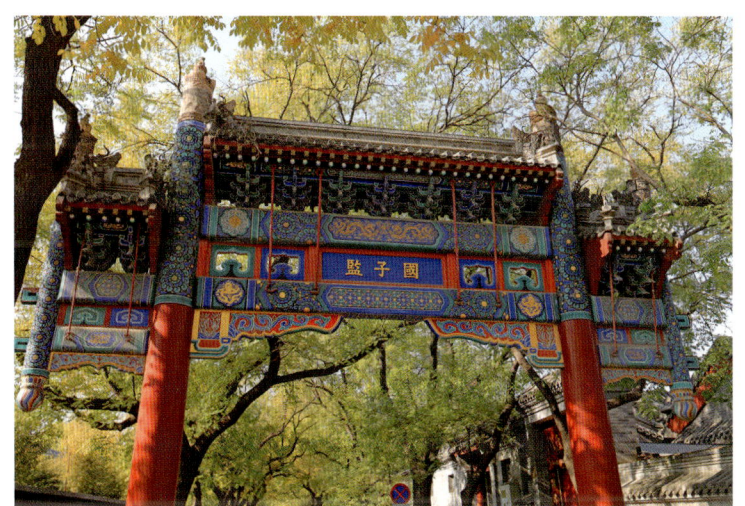
▲ 国子监牌坊

国子监街上还有祭祀唐代大文学家韩愈的韩文公祠、始建于明代的火神庙、祀灶王爷的灶君庙等文物古迹。

国子监街特色鲜明——整洁平坦的老街、古朴的四合院、堆金描红的牌楼、绿树掩映下的红墙,一切都显得古色古香,使人仿佛回到了明清时期的北京,很有不同的韵味。

▲ 北京孔庙古乐坊前孔子雕像

▲ 北京孔庙大成殿

北京孔庙

　　北京孔庙位于北京市东城区国子监街，为中国元、明、清三朝祭祀孔子的场所。其建于元大德六年（1302），于大德十年（1306）建成，后毁于战火。明永乐年间，在原址重建。清朝更加重视祭孔，孔庙也被重新装饰。这是中国第二大孔庙，门内院落共有三进，中轴线上的建筑从南向北依次为大成门、大成殿、崇圣门及崇圣祠。

　　北京孔庙前有琉璃壁及下马碑，进门东西有碑亭、神厨、神库等。有元、明、清三代的进士题名碑198块，题刻历代进士5万多名，是研究中国古代科举制度的重要文献资料。

　　北京孔庙主体建筑都覆以黄色琉璃瓦，是封建社会的最高建筑规制。整座孔庙建筑布局严谨、科学，规模宏大，气势非凡，凸显着皇家气派。

▲ 北京孔庙前影壁

▲ 北京孔庙元代进士题名碑

| 北新桥、雍和宫片区 |

国子监

　　国子监是中国古代隋朝以后的中央官学，为中国古代教育体系中的最高学府，又称国子学或国子寺。明朝时期行使双京制，在北京和南京分别设有国子监，设在北京的国子监被称为"北监"或"北雍"，而设在南京的国子监被称为"南监"或"南雍"。北京国子监建于元大德十年（1306），是元明清三朝的国家最高学府，同时还掌管着国学政令。那时，能够在国子监求学，绝对称得上是光宗耀祖。在国子监两侧，有两块汉白玉下马碑，上面用满、汉、蒙、藏、回、托忒 6 种文字刻有"官员人等，至此下马"。

▲ 国子监琉璃牌坊

▲ 国子监街东侧下马碑

▲ 国子监辟雍殿

国子监不仅接纳全国各族学生，还接待外国留学生，为培养国内各民族人才，促进中外文化交流，曾起到积极的作用。

秀冠咖啡馆

▲ 秀冠咖啡馆咖啡

秀冠咖啡馆，位于国子监街25号，主要以意式咖啡为主，辅以其他饮品，诸如印度酸奶等。秀冠的面积虽然不大，但却有着极大的名声。其咖啡非常正宗，许多到过秀冠的外国客人都说这里的咖啡味道只有在意大利喝到过，甚至比那边的还正宗。秀冠的客人八成都是外国人，而且全部是常客，由此可见有关咖啡的品质。秀冠咖啡馆身处宁静的胡同，使顾客可以在咖啡的香味中，静静地品味生活、感悟生命。

| 北新桥、雍和宫片区 |

张自忠路

张自忠路属北京东城区交道口地区，是平安大街的一段，东起东四十条西端，西至地安门东大街东端，长700余米；其南侧与南剪子巷相通，北侧自东向西与中剪子巷、麒麟碑胡同相通。

张自忠路在中国近代史上有着非常重要的地位，见证了很多非常重要的历史时刻：如1925年3月12日孙中山先生逝世于铁狮子胡同23号的行辕；1926年3月18日在铁狮子胡同3号段祺瑞执政府门前发生了著名的三·一八惨案。

张自忠路有很多特色小店，包括袜子店、毛巾店、书包店、外贸鞋店等。需要注意的是，这里每家店的质量有高有低，同样的店，东西也会不一样，很多东西都是一大堆放在一起让你去挑的，需要火眼金睛，才可以淘到好东西。

▲ 段祺瑞执政府旧址：三·一八惨案发生地

孙中山行宫

位于张自忠路23号的孙中山行宫（也叫行辕），曾是清朝王府，是孙中山于1924年扶病北上在北京商谈国是所住的行辕，也是孙中山逝世纪念地。此宅还曾经是冯玉祥在北京政变后拘禁政敌曹锟的牢房，后为民国外交总长著名外交家顾维钧的私宅。该宅为三进院落，房屋系硬山合瓦清水脊顶，四周绕以回廊，西北部是花园。现为北京市文物保护单位，在这里有孙中山遗物陈列。

▲ 孙中山行宫

和敬府宾馆（和敬公主府旧址）

张自忠路 7 号是和敬府宾馆，是在和敬公主府的旧址上改建而成的。

和敬公主是乾隆皇帝的三女儿，其母是孝贤纯皇后富察氏。公主生于雍正九年（1731），乾隆十二年（1747）她 16 岁下嫁时，乾隆亲准在京城为她建了一座下嫁的府邸，即铁狮子胡同这座府邸。

公主府在北洋政府时曾为陆军部，后来又几经沧桑，现为和敬府宾馆的主体建筑。

▲ 和敬府宾馆（和敬公主府）

整个院子很大，在里面散步感觉不错。宾馆设施虽然比较旧，不过价格还算实惠。这里老北京的气息非常浓厚，如果想感受北京胡同或老宅的感觉，不妨在这里住住。

欧阳予倩故居

张自忠路 5 号是一座中西合璧式的大门，外墙上镶着一块牌子，上写"欧阳予倩故居"。

走进院门，迎面是一座小楼，有带柱廊的前门，门上有三角形山花，哥特式尖顶，有着独特的欧式风格。绕过小楼，后面是一排 13 间中式房子，此处才是欧阳予倩故居。新中国成立后，欧阳予倩从香港回到北京后，就一直住在这排房子里，直到他 1962 年病逝。

在这里，他不仅主持中央戏剧学院的工作，同时任中国文联副主席等职，为新中国的文化艺术事业作出了较大贡献。他还在这里领导编写了我国第一部舞蹈断代史《唐代舞蹈》，创作了歌舞剧《和平鸽》等。这里也是当时文化界人士聚会的场所，郭沫若、老舍、曹禺、田汉、梅兰芳等都是这里的常客。

▲ 欧阳予倩故居

| 北新桥、雍和宫片区 |

段祺瑞执政府旧址

段祺瑞执政府位于张自忠路3号。这是一所古老的大宅，很气派。老房子上面的一砖一瓦都雕刻得非常精美，整个院子给人一种与世隔绝的感觉。这里原为和亲王府，即清雍正帝第五子弘昼受封和亲王之府邸。1912年，袁世凯将总统府和国务院设在这里。1919年以后，靳云鹏将这里改为总理府。1924年直奉战争结束后，段祺瑞就任中华民国临时执政，这里遂改为执政府。

这里也是鲁迅《纪念刘和珍君》提及的"三一八"惨案发生地。1926年3月18日，在中国共产党领导下，北京数千群众为抗议帝国主义的无理要求，前往执政府请愿，遭到段祺瑞执政府卫队的血腥屠杀，从而酿成"三一八"惨案。

该建筑群由曾在英国留学的中国建筑师沈琪主持设计，由中国营造厂施工建造。共有主楼和3组风格各异的建筑群，东部作为海军部，西部作为陆军部，反映了20世纪初中国建筑设计和营造施工的高超水平。其大门在主楼前面，坐北朝南，面阔五开间，门前一对石狮子，隔街对面是一座悬山顶砖雕大影壁。

如今，这里是北京市重点文物保护单位，北京市东城区将其列为青少年爱国主义教育基地。

▲ 段祺瑞执政府旧址建筑

▲ 段祺瑞执政府旧址大门

▲ 段祺瑞执政府旧址门前石狮子

多|视|角|下|的|北|京|胡|同

中剪子巷

▲ 中剪子巷

中剪子巷北起府学胡同,南至张自忠路,全长231米,宽6米。明代称剪子巷,相传胡同过去有很多家经营剪刀、车马配件的铁器店,胡同便因此得名。清宣统时分称南、北、中剪子巷,因地处原剪子巷的中段,而称中剪子巷,民国后沿称至今。

现胡同内多为居民住宅,历史遗迹已少有保留,著名诗人、作家、翻译家、儿童文学家冰心先生曾居住在此胡同中。胡同不是很长,院落也不是很多,整体显得很质朴,没有什么大宅门,即便是如意门也不多见。中剪子巷里融合进了很多生活的元素,美丽依存于寻常之中。

冰心故居

这里原先是三合院,没有南屋。进门东边有个旁院,当时住着一家旗人,姓祁。在大门口,冰心的父亲加了一座影壁,上面有电灯。还有一处空地,她父亲又在那里架了秋千供孩子们玩耍,邻居们都称这里为谢家大院。

1913年,冰心随全家从福州迁居北京,在此院落居住了10年。这10年中,冰心度过了从中学到大学的快乐时光,并开始了文学创作,"冰心"的笔名就诞生于此。

如今这里的面貌发生了很大的改变,只剩一个很简陋的小门楼,大门口的影壁和儿童小乐园全都不见了。

▲ 冰心故居

| 北新桥、雍和宫片区 |

五道营胡同

精彩音频

▲ 五道营胡同标志

五道营胡同，是一条具有创意文化和民俗风情的胡同，它位于安定门立交桥东南侧，东起雍和宫大街，西至安定门内大街，南面是箭厂胡同，北临二条支巷通安定门东大街，全长632米、宽6米。据传，这里曾是明朝守城的兵营驻地，清朝属镶黄旗，称五道营，民国后沿称。1965年整顿地名时将小头条、小二条并入，改称五道营胡同。胡同内有很多富有情调的特色餐厅、咖啡馆、小商店，大杂院和民居紧邻其左右，店面装饰和民居建筑独具一格，具有浓厚的艺术和历史气息。这里的商铺大多由外籍和海归人士开办，而且有很多店主还是导演和文艺工作者。

五道营胡同相对于北京其他胡同来说比较安静，其中的商铺和民居建筑都很有特色，具有浓厚的北京情调和独特的艺术气息，无论是在胡同里用餐购物或者漫步都是一种很惬意的享受。

▲ 五道营胡同御巢子

▲ 五道营胡同73号小馆

进入五道营胡同游玩时最好穿旅游鞋或轻便的休闲鞋，以便在胡同中漫步，感受老北京的风韵。胡同中许多商铺的店主是导演和文艺工作者，一些电影的取景源于此，仔细观察，可以发现不少惊喜。胡同里很多店开门营业时间较晚，建议午后进入为宜。

多视角下的北京胡同

方家胡同

精彩视频

  方家胡同年代久远，东西向，为元建大都时所辟。这里满目迎来的是青砖黛瓦、古树人家，依然保留着浓郁的老北京味道。胡同的 13 号和 15 号是循郡王府，王府的最大看点是西部正院，那是现存较少的贝勒府形制的府第。胡同的 41 号则是"古刹白衣庵"的旧址，主体建筑仍然保存尚好，值得一看。此外，不能不说的是"方家胡同 46 号"，这里是京城艺术区中的一颗新星，已被旅游爱好者列入北

▲ 方家胡同

京城中游必到景点，被媒体称为"胡同里的创意工厂"。游走在这条古色古香的老北京胡同里，又长又窄的朴实巷道、正在遛狗的老人以及老树上的鸟鸣声越发显出胡同的幽静。

循郡王府

  方家胡同 13 号、15 号，是循郡王府的旧址。循郡王名永璋，是乾隆皇帝第三子，死后追封循郡王爵。后来过继循郡王为嗣子的绵懿按贝勒府的级别修建。该府建筑布局规整划一，纵深宽广。现该府保存较完好。其西部正院（15 号）是现存较少的贝勒府形制的府第，有正堂 5 间（已拆除），后院还有正房和配房，东跨院属花园和生活居住区。其东部是一组大型四合院落，布局完整，分主院、中院和后院，布局相似，有北房和东西配房。为北京市重点文物保护单位。

  如今这里为方家胡同小学所用，并不对外开放。

▲ 循郡王府

▲ 循郡王府门前石狮

| 北新桥、雍和宫片区 |

戏楼胡同

精彩视频

有名的戏楼胡同位于东城区东北部，东起柏林胡同，西至雍和宫大街，南与北新二巷、北新四巷相通，北与戏楼一巷、戏楼二巷、藏经馆胡同相通。清光绪时东段称太保街。民国三十六年（1947），西段称戏楼胡同，东段沿称。据传，因农历正月雍和宫庙会打鬼、演戏，戏台很高，而得名戏楼胡同。1949年后沿称。1965年人们整顿地名时将太保街并入，改称戏楼胡同。"文革"中一度改称全红胡同，后恢复原名。

▲ 戏楼胡同

现胡同的著名景点为1号柏林寺，1984年定为市级文物保护单位。

雍和宫

雍和宫，位于东城区内城东北角即雍和宫大街路东，是北京市内最大的藏传佛教寺院，旧址原为明代内官监官房，距今已有300多年历史。该寺院主要由雍和宫天王殿、雍和宫大殿、永佑殿、法轮殿、万福阁五进宏伟大殿组成，另外还有东西配殿、"四学殿"（讲经殿、密宗殿、数学殿、药师殿）。雍和宫从飞檐斗

▲ 雍和宫大殿

拱的东西牌坊到古色古香的东、西顺山楼，共占地66 400平方米，有1 000余间殿宇。整个建筑布局院落从南向北渐次缩小，而殿宇则依次升高，形成"正殿高大而重院深藏"的格局，巍峨壮观，具有汉、满、蒙、藏民族的特色。

雍和宫是全国规格最高的一座佛教寺院，宫内的古槐枝繁叶茂，是一大景观。农历四月月圆日为佛陀纪念日，雍和宫会在这日举行舍斋活动，为僧俗人士提供"罗汉斋"，罗汉菜可谓一绝。

▲ 雍和宫万福阁

历史红尘：雍和宫名称的来历

雍和宫的历史最早可以追溯到15世纪，其旧址是原来的明代内官监官房。清代康熙三十二年（1693），康熙皇帝在这里建造府邸，并将其赐给了皇四子雍亲王胤禛，于是这里就变成了雍亲王府。康熙六十一年（1722），康熙帝驾崩，从而结束了他长达61年也是清朝历史上最为长久的统治历史。同年，他的第四个儿子胤禛继承皇位，改年号雍正，这就是雍正皇帝。皇帝登基后就迁到了皇宫之中，但他对曾经居住了30余年的府邸已经有了很深的感情。于是，他将这里改成了自己的行宫，并正式赐名"雍和宫"。雍和宫作为帝王行宫和"龙潜禁地"的历史便由此开始了。

▲ 雍和宫匾额

那么，为什么把这里命名为"雍和"呢？雍和，其意是融洽、和睦。汉代的王充在他的著作《论衡》中说："欲言尧之德大，所化者众，诸夏夷狄，莫不雍和。"这句话的意思是说，尧的德行之所以被认为很大，是因为他感化了众人，使华夏各民族相处得融洽和睦。由此我们可以看出，雍正皇帝之所以取此名，是取它"团结、和睦之意"，希望自己能使中华各民族和谐相处。此外，这还与胤禛的年号有关，他之前是雍亲王，登基后又被尊为雍正帝，都带有"雍"字，而他又希望自己能实现天下大治，所以将其行宫命名为"雍和"。

▲ 雍和宫释迦牟尼佛

▲ 雍正皇帝

| 北新桥、雍和宫片区 |

历史红尘：雍和宫的"打鬼"仪式

每年的农历正月三十，在雍和宫内都会举行传统的"打鬼"仪式。"打鬼"，蒙古语称之为"跳布扎"，藏语称之为"羌姆"，学名是"金刚驱魔神舞"，是藏传佛教的一种宗教仪式。它是藏传佛教的一种密乘仪式舞蹈，旨在驱除邪恶，祈愿天下太平。

"打鬼"的历史很悠久，公元8世纪初，印度高僧莲花生应吐蕃赞普（即国王）赤松德赞的邀请，入藏弘法，倡建桑耶寺，教授藏族弟子学习翻译的学问。从那时起，这个仪式就在雪域高原广为传播。

在清代，雍和宫"打鬼"的扮饰者不全是本寺的僧人，还有京城各藏传佛教寺院中挑选出来的僧人。在法会之前，由雍和宫扎萨克喇嘛行文"喇嘛印务处"，再通知各寺院派僧人到雍和宫练习。在雍和宫，"打鬼"是其祈愿法会的一部分。法会一般为期8天，每年从正月二十四开始，一直持续到二月初一。

▲ 雍和宫前嘛呢杆

在法会期间会跳"法舞"，一般要跳3天。除了法舞之外，其主要内容还有"绕寺"和诵经，这一天也称为弥勒转寺日，意为接未来佛弥勒到人间清邪除祟，使世间每个角落都平安祥和。

跳舞时，舞者结手印、执法器，口诵真言，心观本尊。表演者翩翩起舞，以示真理与谬误的搏斗交锋，破除人们的无明之障，人天皆大欢喜。

舞蹈结束后，还要进行抛掷除祟朵玛咒的仪式，俗称送祟。在鼓乐声中，众僧走过长长的甬道来到牌楼院。院内备置了干高粱秸搭起的柴堆，住持带领众僧诵经后，将巴凌尖端对外，猛地投入点燃的熊熊烈火中，意为将"我执"投入火中燃烧，使之达到圆融无碍的大自在境地，或者说恶魔被彻底歼灭，从此天下太平。

▲ 雍和宫法轮殿

北沟沿胡同

北沟沿胡同，位于东城区东北部，北起大菊胡同，南至东四十四条，东有两条支巷通小菊胡同，西与新太仓二巷相通。

北沟沿胡同，明朝属南居贤坊，称学房胡同。清朝属正白旗，乾隆时称官学胡同，宣统时称北沟沿。民国后沿称。1949年后称北沟沿胡同。"文化大革命"中曾改称红都胡同，后恢复原名。据考证，以前从东直门北小街至北京站是一条排水沟，水由北向南，到今日的北京站附近转向东流入泡子河。因胡同位于水沟沿，故名。

胡同内的梁启超故居，享有盛名。

▲ 北沟沿胡同

梁启超故居

胡同内23号院，为梁启超故居。该宅院建于清代晚期，原为清末著名思想家和学者梁启超的故居。院落坐北朝南，为东、西两列多进四合院。东部是住宅，西部为花园，墙南端还特意开辟了一扇门供出入，门内外各有一座一字影壁。

梁启超在清光绪二十一年（1895），赴北京参加会试，随康有为一起发动"公车上书"，参加百日维新，成为变法的中坚人物。戊戌变法后，坚持立宪保皇，受到民主革命派的批判。其子梁思成也住在这里。

▲ 梁启超

如今这里已是普通百姓住宅，当年院内的主要建筑尚存，只是已经残破不堪。

▲ 梁启超故居

南锣鼓巷片区

　　南锣鼓巷是北京胡同的代表,有着精致的院落、静谧的街巷,这些都在诠释着它的独特风情。这里是购物和游玩的天堂,在享受美食和把玩工艺品的同时,还可以感受到老北京胡同文化的底蕴。

多|视|角|下|的|北|京|胡|同

| 南锣鼓巷片区 |

南锣鼓巷

精彩音频

南锣鼓巷,位于东城区,是北京最古老的街区之一,有着北京保护最完整的四合院区。南锣鼓巷北起鼓楼东大街,南至地安门东大街,全长786米,宽8米,是我国规模最大、品级最高、资源最丰富的棋盘式传统民居区,而且极为完整地保存着元大都里坊的历史遗存。

南锣鼓巷东西各有8条胡同

▲ 南锣鼓巷

整齐排列着,呈鱼骨状,又如同一条"蜈蚣",因此它也被称为"蜈蚣巷"。巷内沿街鳞次栉比地分布着各具特色的商铺小店,酒吧、咖啡馆、餐厅、旅店林立,使得这条元朝古巷新旧混血,独具魅力,吸引了大批的中外游客。此外,南锣鼓巷还是一条酒吧街,但这里的酒吧大多比较安静、和谐,亲近自然,贴近于生活。

▲ 红宝鼎

▲ 北平咖啡

南锣鼓巷自从明清时期起,就是有名的"富人区"。从明朝将军到清朝王爷,从北洋政府总统到国民政府总裁,从文学巨匠到画坛大师,都使文化积淀浓厚的南锣鼓巷的每一条胡同留下历史的痕迹,使每一个宅院里都诉说着古老的故事。

洪承畴的故事

南锣鼓巷59号的这处宅院，现在尽管不显眼，在清初却是红柱绿瓦、规模庞大的深宅大院。明末清初著名的降清将领洪承畴就曾住在这里。

清军挥军南下，直逼大明王朝。清崇德七年（1642），洪承畴在率兵与清军的松山之战中，兵败被俘，由此就引发了他降清的传奇故事。被俘后的洪承畴立志对大明要忠心耿耿，拒不降清，为此还绝食以求一死。为了能够得到洪承畴这样的将才，皇太极费尽了心机。盛传洪承畴好色，于是皇太极派10多个美女日夜陪伴，但是洪承畴仍不为所动。后皇太极又派出最为宠信的汉官、吏部尚书

▲ 洪承畴

▲ 南锣鼓巷一角

范文程前去劝降。范文程在劝降的过程中，发现洪承畴轻轻拂去落在衣袖上的尘土，便去禀报皇太极，说洪承畴绝不会求死，一个人对于自己的衣物爱惜如此，更何况自己的身体和生命呢！于是，便提出一美人计，派遣皇太极最宠爱的妃子庄妃前去劝降，喂其参汤。这时皇太极出现，洪承畴才知道刚才与自己暧昧不清的佳人竟是庄妃。皇太极不仅没有动怒，反而解下自己的貂裘覆到他身上。洪承畴颇为感动，于是就剃发易服，投降了清朝。

颇具戏剧性的是，就在洪承畴投降清朝之时，明朝的崇祯皇帝和满朝文武大臣正在为他举行王侯规格的大祭。这是因为，洪承畴在明朝位高权重，既为皇帝倚重，又为同僚尊重，还为部下所推崇。所以，松山大败，明廷都认为洪承畴必死无疑，所以崇祯皇帝才为他辍朝三日，并亲自准备为他"祭十六坛"，可谁知，祭到第九坛时，消息传来：洪承畴降清了。此时大势已去的明王朝又是一阵巨大的骚动。

作为为清王朝入关和平乱立下汗马功劳的洪承畴，他的府邸的气势和规模非同一般。虽然，现在的南锣鼓巷59号十分简陋，但是它曾经主人的故事却令它增添了不少的神秘色彩。

▲ 丰年陶坊

| 南锣鼓巷片区 |

文宇奶酪店

从南口一进入南锣鼓巷，一定会被文宇奶酪店所吸引。这是一家经营奶酪和酸梅汤的小店。自小店开业以来，因为物美价廉、风味独特，生意越来越红火。该店主打的宫廷奶酪，不像西式奶酪那么味重，甚至也不是酸奶口味，是用鲜奶加白

▲ 文宇奶酪店

▲ 红豆双皮奶

▲ 杧果双皮奶

糖再加糯米酒烤制而成，味道比较清淡，深受人们的欢迎。炎热的夏季，吃上一碗从冰柜里拿出来的原味奶酪，不浓不淡，冰凉舒爽，味道超值！

另外，店里自己熬的冰镇酸梅汤酸甜适宜，消暑解渴；双皮奶也不错，红豆和杧果双皮奶值得推荐。

锣鼓洞天

这家店位于南锣鼓巷的南入口附近，从外面看并没有什么独特的地方，但是一走进屋内，就会发现别有洞天。古朴别致的小楼、陈旧狭窄的楼梯，天台却豁然开朗，木桌木椅，慵懒随意。菜品以中西融合为主，既有中国人喜

▲ 锣鼓洞天片鸭的师傅

▲ 锣鼓洞天

欢的大众川菜,也有老外喜欢的加了奶酪的改良菜,口味见仁见智,但好在量足,价格合理。一到饭点就会有中外宾客满棚的场面,很是热闹。尤其值得一提的是,很多进店的人,第一眼就会被窗里油光四溢、枣红色泽的烤鸭所吸引,离不开眼。这里经常是游客排着长队,准备购买现片现卷的烤鸭卷。

过客酒吧

过客酒吧,位于北京南锣鼓巷的一条偏僻的小胡同里,是一位自由旅行家开办的。酒吧的房梁上吊着一架硕大的羊头骨,那是店主从西藏带回来的。酒吧的墙上挂着草鞋、马鞭和旅行地图。酒吧里有一个书架,上面堆着各种旅行杂志和厚厚的几大本相册。酒吧以自助旅行为主题,每周会举办两次免费的旅行见闻讲座。酒吧的特色美食是羊肉串萨饼和西式吉士,口味很纯正,再辅以啤酒,很是美味。过客酒吧来来往往的都是旅行者,他们在这里喝着啤酒,掸去一路风尘,聊聊一路见闻。

▲ 过客酒吧

▲ 过客酒吧的烤肉串

| 南锣鼓巷片区 |

咂摸

这是南锣鼓巷里很不错的一家店，装饰得非常别致，有种小院落酒吧的感觉。旅游旺季在这里用餐，一般要排队等候，足见其受欢迎的程度！一楼有很多包间，每一个都很有特点，还有的包间很小，就只能坐下两个人，但非常有感觉。二楼的环境更好，是一个大厅，还有露台餐桌，不过一般只有当一楼坐满了才领客人去二楼。晚上可以选择在二楼用餐，别有一番情趣。这里的面食做得不错，如北京烂肉面，味道很好。

▲ 咂摸

▲ 咂摸店内一角

窝儿餐酒小馆

位于南锣鼓巷85号，整体环境很有格调，富有异域风格。作为一家商业街的酒吧，酒与食品完美结合，很有品位。可来一杯长岛冰茶，洗去旅途的疲劳，再来一份奶油意面，抚慰空空的肚子。静静地坐在这里，什么也不想，独享生活。

▲ 窝儿餐酒小馆

| 多 | 视 | 角 | 下 | 的 | 北 | 京 | 胡 | 同 |

创可贴8

位于南锣鼓巷61号。这家藏身胡同深处的小店，正引领一股时尚怀旧风。与动辄上千元的文玩古董相比，这里卖的物件便宜实惠，却充满着清新自然又略带岁月感的独特气质。

这家老北京文化创意店，主卖"老T恤"。所谓"老T恤"，其实是把老北京物件（如粮票、"为人民服务"标语

▲ 创可贴8

牌、地铁票根、旧暖壶上的花纹、宫保鸡丁等图案），进行创意描绘，印在纯白或纯黑色的T恤衫上。每件T恤有大小号，可以任意选购。很多游客都很喜欢这家店，因为这家店已经不仅仅是单纯的怀旧，更是记录了这座城市变迁的历史。

▲ 创可贴8内景

| 南锣鼓巷片区 |

福祥胡同

福祥胡同在明代属于靖恭坊，因胡同内有福祥寺而得名福祥寺街。其全长255米，宽5米，东起南锣鼓巷，西至东不压桥胡同，南临地安门东大街，北与蓑衣胡同相通。

▲ 福祥胡同

福祥寺原是明英宗年间一位武姓太监的私邸。明正统元年（1436），为了给明英宗祝寿，这位太监献出自己的宅院为英宗建了这座福祥寺。清朝，福祥寺街划归镶黄旗。雍正二年（1724），雍正皇帝平定青海后，为迎接锡呼图克图使节来朝，把福祥寺改建成喇嘛庙，更名为宏仁寺，作为锡呼图克图使节驻京行馆。乾隆年间，改街为胡同，于是福祥寺街时称福祥寺胡同。宣统年间，这条胡同就被称作福祥寺，并一直到1965年。在1965年，整顿地名时，去"寺"称福祥胡同。在"文革"时，这里一度被称作辉煌街头条。"文革"结束后，遂恢复原名福祥胡同一直到今天。

福祥寺

福祥寺位于福祥胡同25号（原10号），坐北朝南，始建于明正统元年（1436），宫中一武姓太监为了给明英宗祝寿，舍弃自家宅院修建了寺院，御赐名"福祥寺"，寄福呈祥。有寺门一间，为硬山卷棚筒瓦顶，镶苏式彩画。另有山门三间，分别为东耳房一间、西耳房二间，大式硬山大脊筒瓦顶；天王殿三间，歇山大脊筒瓦顶；大殿三间，庑殿式筒瓦顶，旋子彩画。

▲ 福祥寺天王殿一角

目前，福祥寺现存建筑已所剩无几，被周围的民居所包围。

149

| 多 | 视 | 角 | 下 | 的 | 北 | 京 | 胡 | 同 |

炒豆胡同

　　南锣鼓巷南口东面的第一条胡同是炒豆胡同。它位于东城区交道口地区，西起南锣鼓巷，东至交道口南大街，长400多米。

　　炒豆胡同在明代属昭回坊，曾用名炒豆儿胡同、交道口南九条。清代属镶黄旗驻地，名称沿用。"文革"中改称"大跃进路头条"，1979年复称"炒豆胡同"。

　　现在，炒豆胡同中保存完好的四合院是77号僧王府。

▲ 炒豆胡同

僧王府

　　位于炒豆胡同西口不远的77号宅院，是著名的蒙古王爷僧格林沁的府邸——僧王府。这座王府经过历代的扩修，规模逐渐扩大，前门在炒豆胡同，后门在板厂胡同，纵跨了炒豆、板

| 南锣鼓巷片区 |

厂两个胡同。

僧格林沁是蒙古科尔沁人，清道光五年（1825），承袭科尔沁郡王，咸丰五年（1855）晋封为亲王，是一位南征北战，为清王朝立下卓越战功的王爷。道光六年（1826），僧格林沁出银6690两购买了位于炒豆胡同的117间房屋，并逐渐把它改建成为亲王规制的王府。

▲ 僧王府花园中庭院（1926年）

民国年间，僧王的后代因欠债而被迫拍卖僧王府。此后，王府的西部成为了温泉中学，中部卖给了朱姓人家，东部除留一部分为僧格林沁后代和琳自住外，其余卖给了西北军。就这样，偌大的王府未及百年便被分割得七零八落。新中国成立后的1954年，煤炭部买下了僧王府的大部分住宅作为宿舍。

现在，被列为东城区重点文物保护单位的僧王府只是原王府的一部分。

▲ 僧格林沁

▲ 僧王府旧址

151

| 多 | 视 | 角 | 下 | 的 | 北 | 京 | 胡 | 同 |

板厂胡同

▲ 板厂胡同

板厂胡同位于东城区西北部，东西走向，东起交道口南大街，西至南锣鼓巷，全长457米，宽6米。

板厂胡同，清朝属镶黄旗，乾隆时称"板肠胡同"，宣统时称板厂胡同。民国后沿称。1965年整顿地名时改称交道口南八条。"文革"时一度改称，后恢复原名。胡同里有很多精品院落，值得一看。如西段的27号，院内有影壁、抄手廊等，很有观赏价值。这个院的斜对面是30号，即僧王府，不过这只是一个小小的后门，真正的大门在南侧的炒豆胡同。

另外，板厂胡同的中段南侧还有一堵完整的一字影壁，上写"鸿禧"二字。

走在板厂胡同的小巷里，到处可见温馨、安逸的场景。

北京瑞衡侣松园酒店（原侣松园宾馆）

北京侣松园宾馆，坐落于国家四合院文化保护区内，建筑主体为清末大将军、蒙古亲王僧格林沁王府的一部分，属于北京市文物保护单位。"侣松园"原名"双松园"，由于院内原有一对相伴而生的古松而得名，后经启功先生修改一字，并亲题匾额为"侣松园"，一字之差，倍增文化内涵。侣松园宾馆由5个院落组成，有客房总数58间（套），标间面积15平方米。宾馆内设有闭路电视、餐厅、茶室、商务中心、国际长途等多种服务设施。酒店小院恬静幽雅，房间内的装饰古色古香，亭台走廊辅以古典人物画像，具有浓郁的民族特色。

▲ 瑞衡侣松园酒店

| 南锣鼓巷片区 |

东棉花胡同

▲ 东棉花胡同

东棉花胡同位于东城区安定门内大街，东西走向，东起交道口南大街，西至南锣鼓巷，全长448米，宽6米。其原先叫棉花胡同，后因西城区也有一条棉花胡同，所以加了个"东"字。此胡同最有名的就是坐落着一所大学——中央戏剧学院，位于39号，简称中戏。这里历史厚重，如15号就是清末时将军凤山的宅第，有一中西合璧式的拱形券门，门上砖雕精细，雕有花卉、走兽、吉祥图案，不可错过。

中央戏剧学院

东棉花胡同口路北的不远处就是中国戏剧艺术教育的最高学府——中央戏剧学院。

中央戏剧学院在东棉花胡同占地不大，但是作为我国学习舞台和影视表演的顶级学府，享有极高的地位与荣誉：由毛泽东主席亲自题写校名，培养出了巩俐、章子怡、陈宝国、陈道明等许多非常优秀的影视明星。

中央戏剧学院所在地原是靳云鹏的故居。1919年后，靳云鹏任段祺瑞政府陆军总长、代理国务总理。他买下此地后，拆除了这里的部分四合院，建起了几座气派的西式小洋楼。但随着靳云鹏的辞职以及移居天津，这几座建筑逐渐被废弃。时过境迁后，现在靳宅建筑已荡然无存。

▲ 中央戏剧学院

有句俗话说得好，山不在高，有仙则名。面积不大的中央戏剧学院在南锣鼓巷绝对是一道亮丽的风景线。

雨儿胡同

东棉花胡同对面路西即是雨儿胡同，呈东西走向，东起南锣鼓巷，西至东不压桥胡同，全长343米。在明朝时，雨儿胡同被称为雨笼胡同，清代改为今称。在这条胡同里，有许多闻名中外的历史人物留下了他们生活的印记。

清买办兼北海公园董事长董叔平曾住在胡同内的11—15号院，时称董家大院。后来，董家大院被分割。现在的15号院是北京美术家协会所在地。11号院则被澳门爱国人士，商业巨子马万祺所购，与9号院一起修葺一新，合为一处。

雨儿胡同的13号院是国画大师齐白石曾经的住所，属于明代中晚期的建筑。

中华人民共和国成立后，开国大将谭政、大将粟裕、元帅罗荣桓等都曾在雨儿胡同居住。现在的31号是罗荣桓元帅的故居，门院儿经修缮，但仍旧气派。大将粟裕的故居是现在的雨儿胡同33号院。

另外，雨儿胡同还有一家非遗博物馆，有兴趣的朋友可以参观。

雨儿胡同内那些名人留下的痕迹早已辨认不清，只留下了他们的故事与传说，伴随着这条历史悠久的胡同一起走下去。

▲ 雨儿胡同非遗博物馆

| 南锣鼓巷片区 |

齐白石旧居纪念馆

纪念馆是一座完整的单体四合院。1955年国家文化部拨款购买提供给艺术大师齐白石居住,1957年齐白石逝世后国家曾在此筹建"齐白石纪念馆",后为北京画院办公地点。1986年被列为东城区文物保护单位。

据说,雨儿胡同的13号院曾是清太宗第四子叶布舒宅邸东边部分建筑。新中国成立后,1955年,在周恩来总理的关怀下,被文化部收购,提供给齐白石老人居住了半年。"文革"时,被辟为北京画院,现在仍是北京画院的用房。2012年北京画院对原建筑进行了修复,并将其重新命名为齐白石旧居纪念馆。

▲ 齐白石旧居纪念馆大门

▲ 齐白石雕像

▲ 齐白石旧居纪念馆正房

多 视 角 下 的 北 京 胡 同

帽儿胡同

帽儿胡同位于东城区西北部，东起南锣鼓巷，西端在地安门外大街，是北京著名的胡同。

明朝时，这里被称为梓潼庙文昌宫，清朝时改称为帽儿胡同。帽儿胡同21号是梓潼庙文昌宫遗址。文昌星和梓潼帝君都被道教尊为主宰功名禄位之神。元代把二位神仙合二为一，叫作文

▲ 帽儿胡同

昌帝君。文昌宫就是供奉文昌帝君的庙宇，是明清时期，渴望功名的读书人经常到的地方，香火十分旺盛。辛亥革命后，文昌宫停止了祭拜活动，也就此被人们淡忘。现在，是帽儿胡同小学的所在地。

帽儿胡同45号，是清代九门提督衙门，时任九门提督的隆科多、和珅、荣禄等都在这里办过公。九门提督衙门是清朝兵营里的最高行政机关。可以说，九门提督位高权重。在民国时，这里还是民国保安部队的驻扎地。现在，这里是国家话剧院的所在地。

帽儿胡同6号为达贝子府。贝子是满清贵族的爵位名，达贝子是清代乾隆皇帝之女和敬公主的后人达赟，原居住于现张自忠路7号的和敬公主府。1923年，达赟将该府卖给直

▲ 达贝子府

| 南锣鼓巷片区 |

鲁联军总司令张宗昌,自己则迁居到帽儿胡同 6 号。这座贵族宅邸已被改建为民居,不对外开放。

帽儿胡同的 7 号、9 号院,是"可园",原为清末大学士文煜的宅邸和花园,是京城最具代表性的私家园林;35 号和 37 号是末代皇后婉容故居;13 号院是北洋军阀冯国璋旧居。

老北京人称帽儿胡同为"一条尊贵的胡同"。这条古朴的胡同,为后人留下历史的见证,具有着浓厚的老北京城气息。

可园

帽儿胡同路北的 7 号、9 号院,是晚清北京私家园林中最有艺术价值的花园——可园,原是清末大学士文煜的住宅和花园。文煜用他积累了大半生的财富精心修建了自己的住宅和花园,于咸丰十一年(1861)建成。可园小巧玲珑、疏朗有致,是公认的园林精品。20 世纪 50 年代,这里曾经做过朝鲜驻中国使馆。

▲ 可园

冯国璋故居（文煜宅）

帽儿胡同 13 号的院落，还保留着民国时期的建筑风格。这里就是冯国璋在北京的居所。冯国璋当民国代总统时，从文家买下了这处宅子。1918 年，担任北洋政府代理大总统的冯国璋被迫下野后，就困居在这里。1919 年 12 月 28 日，因伤寒不治，冯国璋在帽儿胡同去世。北洋政府为其举行了国葬，后移灵至故乡河北河间安葬。

▲ 冯国璋故居（文煜宅）

婉容故居

帽儿胡同是南锣鼓巷最著名的胡同之一，是文物保护单位最多、四合院建筑水平最高、最有历史价值的一条胡同。

帽儿胡同最有名的当数末代皇后婉容的故居。现在帽儿胡同的 35 号和 37 号就是婉容未出嫁前居住和生活的地方，是婉容之曾祖父郭布罗长顺所建。在婉容被册封为皇后以后，原本普通的住宅就扩建为王府级别的"后邸"。婉容就是在这里进行着结婚礼仪的演练，度过了一生中最快乐的时光。当年，末代皇帝溥仪迎接婉容的凤舆也是在这里接走了婉容。

▲ 帽儿胡同35号（婉容故居）

▲ 帽儿胡同37号（婉容故居）

| 南锣鼓巷片区 |

末代帝后婉容

郭布罗·婉容（1906—1946），习称"末代皇后"，字慕鸿，号植莲，英文名伊丽莎白·瑞莎，笔名荣月华，达斡尔族，满洲正白旗人，清朝内务府大臣郭布罗·荣源之女，末代皇帝溥仪的皇后。"婉容"一名，"慕鸿"一字，均出自三国曹植的《洛神赋》："翩若惊鸿，婉若游龙。"

1906年11月13日，婉容出生于地安门外大街帽儿胡同的荣源府内。作为富贵人家的小姐，婉容自幼生活富足，也受到了良好的教育。婉容长大后不仅容貌秀美端庄，而且知书达理，擅长琴棋书画诗词等，所以名声在外，享誉京城。1911年，辛亥革命成功。1912年，中华民国成立。同年，溥仪退位，但仍享受民国给予的优待条件，也就是"皇帝尊号仍存不废"，且留居故宫。

1922年，16岁的婉容被选入宫，成为最后一位皇后。根据民国优待条件，溥仪大婚时照搬旧制，所以皇后的"凤舆"是从东华门抬进紫禁城的。然而，有趣的是，婉容当初差点

▲ 婉容

没被选中为皇后，因为溥仪第一个选中的是文绣，在端康皇贵妃的坚持下，溥仪才选了婉容为皇后，而文绣成了妃子。当然，这时是民国，不管是皇帝，还是皇后、妃子等，都只是名义上的。婉容刚进宫当上皇后时，溥仪十分宠爱她，但是由于溥仪患有阳痿病，两人婚后一直无子。1923年，全国12个省大旱，死亡数十万人。当时，为赈济灾民，各地成立了捐款机构。12月，婉容向北京"临时窝窝头会"捐赠600大洋，此举受到社会各界赞赏。

1924年，冯玉祥发动"北京政变"，溥仪被驱逐出宫，婉容随溥仪前往天津租界居住。到了天津后，婉容开始吸食鸦片，大肆挥霍，成为"摩登女性"：穿时装旗袍，穿高跟鞋，烫头发。由于这时溥仪的性格弱点逐渐暴露，加上自身生理缺陷，导致文绣主动与溥仪离婚了；而这场所谓的"刀妃革命"的全部责任，溥仪竟把它推到了婉容的身上。1931年，发生全国性大水灾，受灾区域达16省。当时，婉容为灾民捐赠了一些大洋和一串昂贵的珍珠项链，此举引起轰动。

▲ 溥仪与婉容

1931年9月18日，日本发动"九一八事变"。随后，日本扶植溥仪在东三省建立伪满洲国，溥仪成为伪满洲国的"皇帝"。1932年1月，在日本人的诱骗下，婉容来到长春和溥仪团聚。在伪满洲国，婉容受到日本人的秘密监视；后来，她计划出逃，但是一直没能成功。1934年3月1日，婉容被封为伪满洲国皇后。但是，由于遭到溥仪的厌弃，婉容从此靠吸食鸦片度日，最后沦落到了自我毁灭的地步。此外，由于长期受到溥仪冷落，加上溥仪有性功能障碍，婉容在正常生理需求的情况下，与溥仪的两名侍卫李体育、祁继忠通奸而怀孕，最后诞下一女婴，但女婴不到半小时就夭折了。经过这次打击后，婉容整天吸食鸦片，喜怒无常，患上了精神疾病。

1945年8月8日，按照"雅尔塔协定"，苏联出兵东北，在"八月风暴"行动中攻占东北。8月11日，婉容随宫廷人员逃亡时被共产党游击队俘虏，随后被关进监狱。据溥杰日

▲ 伪满皇后婉容的旗服

籍夫人嵯峨浩回忆录《流浪的王妃》记载，1946年6月10日前后，婉容死于吉林延吉的监狱里。当时，报纸记载，婉容死于8月下旬。但是，婉容死后尸骨无存，葬地不明。2006年10月23日，经婉容弟弟润麒同意，婉容被以民间招魂的习俗与溥仪合葬于清献陵。

▲ 长春伪满皇宫婉容卧室

▲ 长春伪满皇宫婉容吸烟室

| 南锣鼓巷片区 |

菊儿胡同

　　菊儿胡同，在北京的胡同中算得上是一个"老字辈"的胡同。它位于东城区西北部，东起交道口南大街，西至南锣鼓巷，南临后圆恩寺胡同，北与寿比胡同相通，全长438米，宽6米。

　　其在明朝时称局儿胡同，清朝时属镶黄旗，在乾隆年间，称作"桔儿胡同"或"橘儿胡同"，宣统时改为现名。清直隶总督大学士荣禄曾居住于此。菊儿胡同的41号院原为寺庙，据说，这座寺庙的开山僧人还是皇帝的替僧。

　　说起古老的菊儿胡同能够走向国际，就要追溯到1987年。从1978年开始，由吴良镛先生领导的清华城市规划教研组对北京市旧城整治开展了一系列的研究，1987年选定了菊儿胡同41号院作为试点。吴良镛院士根据"有机更新"的城市规划理论，保留了有历史和文化价值的建筑，拆除破旧危房，逐步过渡，既保留历史文脉的延续，又形成有机的整体环境。根据吴教授提出的理念设计完成的菊儿胡同危房改造工程，于1992年一举夺得亚洲建筑协会的

▲ 菊儿胡同

161

"亚洲建筑金奖",1993年又获得联合国"世界人居奖"。

菊儿胡同也因此而一举扬名,获奖后,吸引了大批喜欢北京或初到北京的外国友人。现在的菊儿胡同不仅保留了古都风貌,而且居住环境和谐,就像一个小小的地球村,汇聚着五湖四海的朋友。

荣禄府邸

菊儿胡同的3号、5号、7号院是清直隶总督大学士荣禄的府邸。荣禄(1836—1903),满族正白旗人,清朝大臣,曾任内务府大臣、工部尚书、兵部尚书、直隶总督兼北洋大臣、军机大臣等职。其女瓜尔佳·幼兰是末代皇帝溥仪的生母,被慈禧太后收为养女。

这处宅院的3号院是祠堂,门上写着"禁止参观"等字样;5号院为住宅,大门紧闭;7号院是花园,目前为北京一轻研究所占用。现存的荣禄西洋楼则被新建的办公楼挡在里面。

▲ 瓜尔佳·幼兰(溥仪"额娘",荣禄之女)

▲ 荣禄府花园旧址

| 南锣鼓巷片区 |

沙井胡同、黑芝麻胡同

沙井胡同是南锣鼓巷文化群的一个重要部分，全长294米，宽6米，东起南锣鼓巷，西至南下洼子胡同，北边和南边分别是黑芝麻胡同和景阳胡同。明代属靖恭坊，称沙家胡同。清代属镶黄旗，乾隆时沿称；宣统时称沙井胡同。民国后沿称。

▲ 沙井胡同

黑芝麻胡同，呈东西走向，东起南锣鼓巷，西至南下洼子胡同，南临沙井胡同，北靠着前鼓楼苑胡同，全长265米，宽5米。明朝属靖恭坊，称何纸马胡同；清朝属镶黄旗，宣统时称黑芝麻胡同。

奎俊的府邸

奎俊是清朝光绪年间著名大臣、书法家，清末著名政治家、军事家荣禄的叔父。曾官至四川总督、刑部尚书、吏部尚书、内务府大臣。他的宅院就位于南锣鼓巷，横跨沙井胡同和黑芝麻胡同。

沙井胡同和黑芝麻胡同都是东起南锣鼓巷，西至南下洼子，大小接近，宽窄也差不多。沙井胡同15号院是清代光绪年间清末内务府大臣奎俊的前宅。这座院落可以说是老北京四合院的典型范例，称得上是"得钟灵毓秀于天地"。二进院的东跨院曾是老舍夫人胡絜青老人工作的地方。院中的枸杞树还是她亲手栽种的。

▲ 沙井胡同奎俊府邸旧址

与沙井胡同15号院后墙相对的黑芝麻胡同13号院也是奎俊的府邸。这个院子有东西两路，东路的花园已面目全非，西路的住宅仍保持着原有的格局。宽敞的院落、高大气派的广亮大门、精美的门墩，无不昭示着主人显赫的身份。

现在黑芝麻胡同13号院还是不少影视剧，如《一个陌生女人的来信》《浪漫的事》《甜蜜蜜》等拍摄的取景场地。

后圆恩寺胡同

▲ 后圆恩寺胡同

在南锣鼓巷交道口地区,一条静谧的胡同栽满了高大粗壮的树木,显得格外幽静深邃。据说,在元代,在这条胡同的前面有一座香火旺盛的寺庙"圆恩寺",因此,寺庙后的这条胡同就被称为后圆恩寺胡同。后圆恩寺胡同位于东城区,鼓楼东大街南侧,呈东西走向。东起交道口南大街,西至南锣鼓巷,全长444米,宽6米。清代属镶黄旗,乾隆时称后圆恩寺胡同,宣统时称后圆恩寺。民国后沿称。1965年整顿地名时改称交道口南三条,"文革"中一度改称大跃进路七条,后复称交道口南三条。1979年称后圆恩寺胡同。

后圆恩寺胡同积淀了深厚的文化底蕴和绵长的历史韵味,总能给人一种平和、静谧、悠闲之感。

7号院——曾经的蒋介石行辕

在这条长440余米、宽仅6米的胡同里,曾经住过很多位在近现代有重要影响的人物。

后圆恩寺胡同最有特色、最有名气的当数7号院了。这是一处货真价实的大宅门,它的主人是清室宗亲载奭,也就是清末权臣庆亲王奕劻的次子。这是一座中西合璧的奇特豪宅。抗战胜利后,蒋介石风光无限地来到北平,堂而皇之地把这里改成自己的行辕。1949年后,中共中央华北局设在这里,聂荣臻、董必武等领导人在这里办公,5月,周恩来、朱德、潘汉年、李克农等

▲ 蒋介石行辕旧址

| 南锣鼓巷片区 |

在这里会面，刘少奇也到过这里。后来，这座大宅子还做过南斯拉夫驻华大使馆。

茅盾故居

茅盾故居位于东城区交道口南大街后圆恩寺胡同13号小院，是文化巨人茅盾1974—1981年居住的地方，现为北京市文物保护单位。茅盾故居坐北朝南，是一座二进式四合院，分前后两进院落，共有大小房间22间。故居内有3个常设展厅，前院西厢房是会客厅，室内的沙发、案头的花瓶、壁上的

▲ 茅盾故居茅盾起居室

▲ 茅盾故居影壁

165

▲ 故居内的茅盾雕像

对联都保持着原貌；北房的陈列介绍了茅盾先生的生平及其文学创作的道路；东厢房展出图片和实物，呈现出茅盾先生在中华人民共和国成立后为祖国文化建设和世界和平所做的不懈努力，展品中包括委任状、代表证、创作原稿、记录手札以及他使用过的钢笔、录音机、印章等。后院是茅盾先生的书房和卧室，这里藏有诸多历史名著和茅盾先生自己的著作，已集中建成"茅盾文库"。

就是在这所小院里，茅盾度过了他人生中的最后几年，并以八十开外的高龄完成了人生中的最后一部作品——洋洋洒洒数十万字的《我走过的路》。

北锣鼓巷、鼓楼片区

相比热闹的南锣鼓巷，低调、静谧的北锣鼓巷，倒像个不争不抢的安然女子，既有烟火气的市井味道，又不缺特立独行的文艺范儿，更有一些有趣的小店值得消磨下时光。

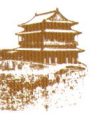

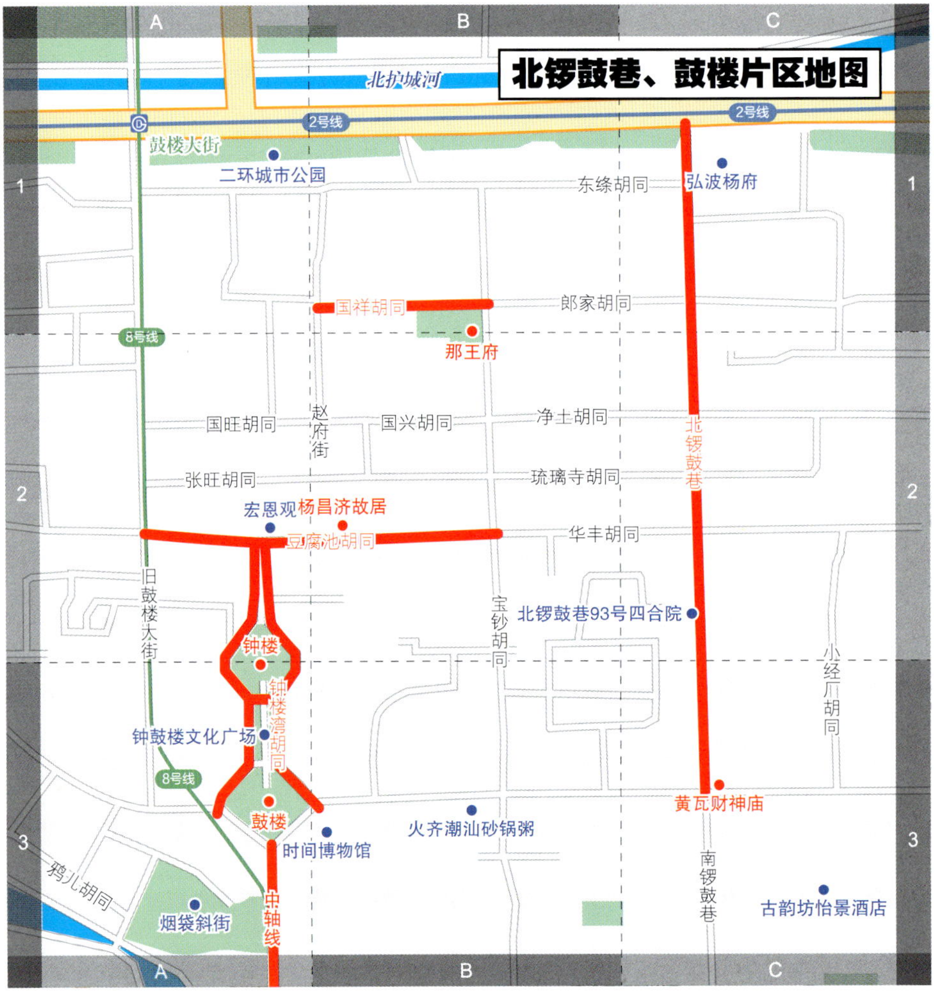
北锣鼓巷、鼓楼片区地图
A
B
C
1
2
3
北护城河
2号线
8号线
鼓楼大街
二环城市公园
东绦胡同
弘波杨府
国祥胡同
郎家胡同
那王府
国旺胡同
赵府街
国兴胡同
净土胡同
北锣鼓巷
张旺胡同
琉璃寺胡同
宏恩观
杨昌济故居
豆腐池胡同
华丰胡同
旧鼓楼大街
宝钞胡同
北锣鼓巷93号四合院
钟楼
钟楼湾胡同
小经厂胡同
钟鼓楼文化广场
鼓楼
时间博物馆
火齐潮汕砂锅粥
黄瓦财神庙
鸦儿胡同
烟袋斜街
中轴线
南锣鼓巷
古韵坊怡景酒店

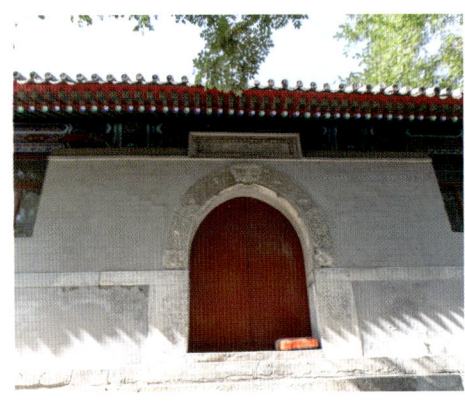

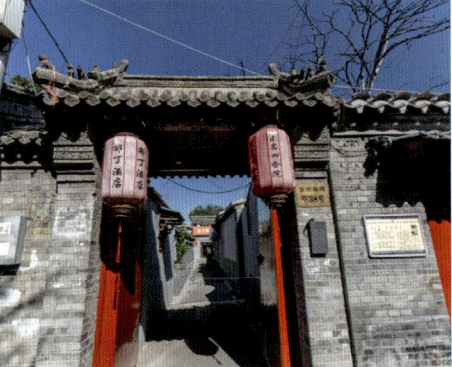

| 北锣鼓巷、鼓楼片区 |

北锣鼓巷

北锣鼓巷，位于安定门内大街西侧，呈南北走向，北起安定门西大街，南至鼓楼东大街，东与花园北巷、花园前巷等相通，西与东绦胡同、千福巷、华丰胡同等相通。

其名称来源，一说此处因多锣鼓之商，又在鼓楼东大街之北，故得名。民国后沿称。"文化大革命"中一度改称赞军街，后恢复原名。

▲ 北锣鼓巷二

南、北锣鼓巷在一条直线上，北锣鼓巷略长一点，800多米。秋日踏进北锣鼓巷，豁然感受到什么是萧瑟中带有遗憾的美，它没有南锣鼓巷的喧闹，但簌簌落下的金黄叶子一定会让你想起那篇《故都的秋》。

▲ 北锣鼓巷一

黄瓦财神庙

黄瓦财神庙，位于北京的北锣鼓巷南口东侧。现仅存大殿，坐北朝南，面阔3间。财神庙为道教庙宇，财神有文武之分，文为比干，武为赵公明。

此庙有硬山式建筑形式的3间北房，房虽不大，但是屋顶却用的是明黄色琉璃瓦，看来级别不低，估计与皇室有关。

据民间传说，雍正为亲王时路过此庙，曾祈求保佑登上帝位。后果然应验。

▲ 黄瓦财神庙

169

多|视|角|下|的|北|京|胡|同

豆腐池胡同

精彩视频

精彩音频

▲ 豆腐池胡同

豆腐池胡同是一条历经沧桑的老北京胡同，位于东城区西北部，东起宝钞胡同，西至旧鼓楼大街，全程步行仅需5分钟。明朝时称"豆腐陈胡同"，清朝时传为"豆腐池胡同"，"文革"时改叫"朝红胡同"，后又改称"豆腐池胡同"。胡同里原有一座宏恩观，如今，宏恩观的山门、帝君殿尚存，内仅保留有一座石碑，碑阳额书"万古长青"，碑阴额书"因果不昧"。曾经为标准件二厂车间，现已转租民用。胡同15号为杨昌济故居，毛泽东早年曾在此借住。

杨昌济故居

这里是杨昌济在北京的居所，也是毛泽东1918年8月来到北京时住的地方。杨昌济是杨开慧的父亲、毛泽东的老师，湖南长沙县人，著名的伦理学家、教育家。这是一座两进院落的小型民居建筑，院有倒座房3间、北房3间、东厢房3间。其中，北房3间为杨昌济先生自己居住，东厢房3间为杨开慧所住。如今这里作为北京市文物保护单位，暂不对外开放。

▲ 杨昌济故居

▲ 杨昌济

| 北锣鼓巷、鼓楼片区 |

钟楼湾胡同

精彩视频

钟楼湾胡同位于鼓楼北侧，呈南北走向。其北起豆腐池胡同，南有两个出口分别通鼓楼西大街、鼓楼东大街，东与草厂北巷相通，西与钟库胡同、铃铛胡同、汤公胡同相通。全长757米，宽7米。

钟楼湾胡同，民国三十六年（1947）称钟楼湾，因位于钟楼周围而得名。1949年后称钟楼湾胡同。现胡同内有鼓楼、钟楼，1957年定为市级文物保护单位。

由于钟鼓楼的名望，钟楼湾胡同也成了许多游客品味京味传统的必去之地。

▲ 俯瞰日落彩霞下的钟鼓楼

|多|视|角|下|的|北|京|胡|同|

钟楼

　　位于北京东城区地安门外大街，在鼓楼北，是老北京中轴线的北端点。原是元代万宁寺的中心阁，始建于至元九年（1272），后来毁于战火。明永乐十八年（1420）重建，但不久后就再次被毁。清乾隆十年（1745）奉旨重建，两年后竣工。为防止火灾，这次建筑全部采用了砖石结构。

▼ 钟楼雪景

| 北锣鼓巷、鼓楼片区 |

钟楼为重檐歇山顶建筑，通高47.95米。底层基座的四面均有券门，内设75级石级可上二层的主楼。

钟楼的正中立有八角形的钟架，悬挂"大明永乐吉日"铸的大铜钟一口。大钟高7.02米，直径3.4米，重63吨，是中国现存体量最大、分量最重的古代铜钟，有"钟王"之称。其钟声悠远绵长、圆润洪亮，可以传播数十里远。

| 多 | 视 | 角 | 下 | 的 | 北 | 京 | 胡 | 同 |

鼓楼

北京鼓楼是坐落在北京市南北中轴线北端的一组古代建筑，位于北京东城区地安门外大街北端，为古代城市的报时台。

北京鼓楼坐北朝南，为重檐三滴水木结构楼阁建筑。其通高46.7米，楼身坐落在4米高的砖砌城台之上，东西长约56米，南北宽约33米，台上四周围以宇墙。

▲ 鼓楼黄昏风光

鼓楼气势雄伟，巍峨壮观，充分显示出了古代劳动人民的智慧和力量。

▲ 从景山公园万春亭俯瞰寿皇殿及北京城中轴线

| 北锣鼓巷、鼓楼片区 |

中轴线

　　北京中轴线，是指北京自元代起至明清以来北京城市东西对称布局建筑物的对称轴。北京比较明确的中轴线起于金代；元代，中轴线正式形成；到了明代，统治者将北京中轴线向东移动了150米，最终形成了现在这样的格局。

　　北京中轴线，直线距离大约7.8公里，是古都北京的中心标志，是明清北京城的中轴线，也是世界上现存最长的城市中轴线。

▲ 北京中轴线建筑：故宫神武门

| 多 | 视 | 角 | 下 | 的 | 北 | 京 | 胡 | 同 |

▲ 北京中轴线建筑：故宫午门

北京中轴线南起外城永定门，经内城正阳门、中华门、天安门、端门、午门、太和门，穿过太和殿、中和殿、保和殿、乾清宫、坤宁宫、神武门，越过景山万春亭、寿皇殿、鼓楼，直抵钟楼的中心点。这条中轴线连着四重城，即外城、内城、皇城和紫禁城，好似北京城的脊梁，鲜明地突出了九重宫阙的位置，体现封建帝王居天下之中"唯我独尊"的思想。

北京中轴线，凝聚着北京这座城市文化历史发展的精髓，指引着一代代人探寻这座古都的历史渊源。

▲ 北京中轴线建筑：故宫中和殿

176

北锣鼓巷、鼓楼片区

国祥胡同

国祥胡同,位于东城区安定门街道旧鼓楼大街东侧,呈东西走向,东起宝钞胡同,西至赵府街。全长227米,宽6米。

其明代属金台坊,称锅腔胡同。清代沿称,属镶黄旗,宣统时称国祥胡同。民国后沿称。清代时胡同内有蒙古王爷进京朝拜时居住的如意馆。

那王府

那王府坐北朝南,南北贯通国兴胡同和国祥胡同,为清代规模较大的一座蒙古王府。王府亦称"超勇亲王府";又因最后一代亲王名叫那彦图,遂有"那王府"的称呼。

▲ 那彦图像

▲ 那王府旧址

177

| 多 | 视 | 角 | 下 | 的 | 北 | 京 | 胡 | 同 |

王府门外对面是一座影壁，两侧设置石狮、灯柱、拴马桩。府门内有一座木质影壁，银安殿建筑宏伟、结构紧凑，殿宇均按皇宫形式建筑，只是规模略小。

如今，那王府已大部分改建，只有国祥胡同甲2号还保留着当年的风貌。

那王府历经了清王朝由鼎盛而至衰亡的历史进程，承载了极其丰富的文化内涵。

▲ 国祥胡同

什刹海片区

这里的胡同意境深远,因为临水而居,所以曲曲折折;这里的酒吧倚岸而建,装饰特别,风格各异,弥漫着浓得醉人的浪漫气息。

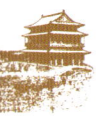

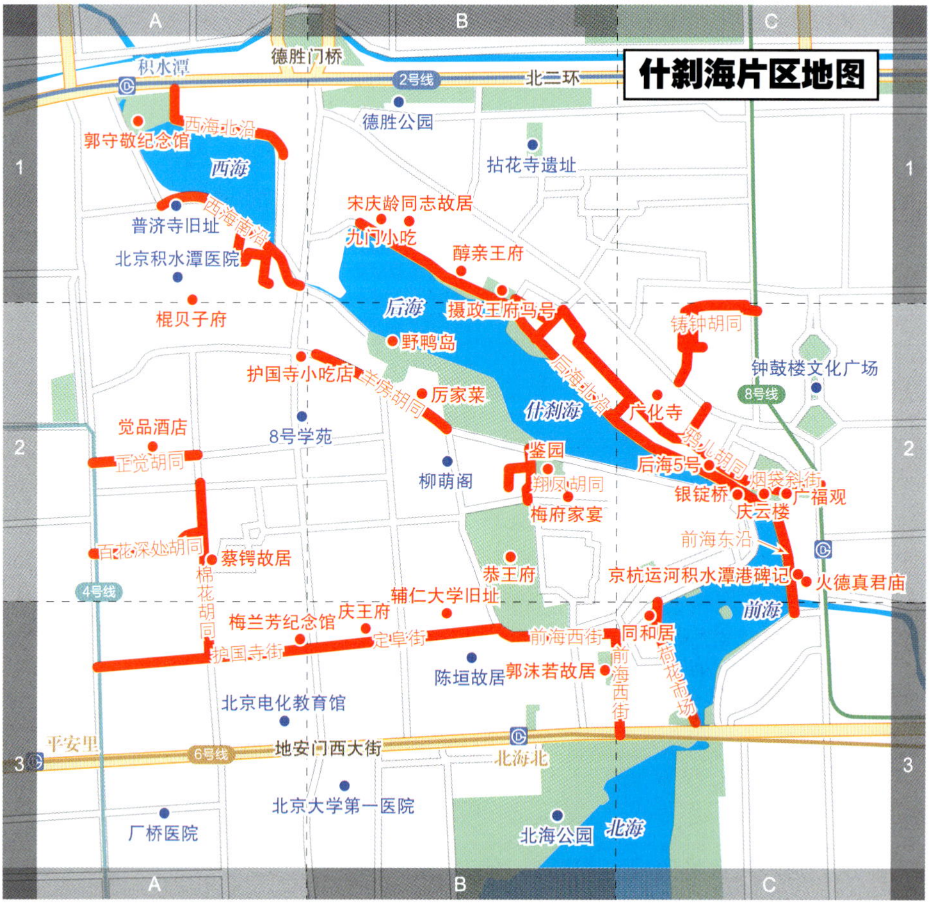
什刹海片区地图
A
B
C
1
2
3
积水潭
德胜门桥
2号线
北二环
德胜公园
拈花寺遗址
郭守敬纪念馆
西海北沿
西海
普济寺旧址
西海南沿
北京积水潭医院
棍贝子府
宋庆龄同志故居
九门小吃
醇亲王府
后海
摄政王府马号
野鸭岛
护国寺小吃店
羊房胡同
厉家菜
铸钟胡同
钟鼓楼文化广场
8号线
后海北沿
广化寺
什刹海
觉品酒店
8号学苑
正觉胡同
柳荫阁
鉴园
翔凤胡同
梅府家宴
后海5号
鸦儿胡同
烟袋斜街
银锭桥
广福观
庆云楼
前海东沿
百花深处胡同
蔡锷故居
棉花胡同
恭王府
京杭运河积水潭港碑记
火德真君庙
4号线
辅仁大学旧址
梅兰芳纪念馆
庆王府
前海
护国寺街
定阜街
前海西街
同和居
荷花市场
陈垣故居
郭沫若故居
前海西街
北京电化教育馆
平安里
6号线
地安门西大街
北海北
北京大学第一医院
厂桥医院
北海公园
北海

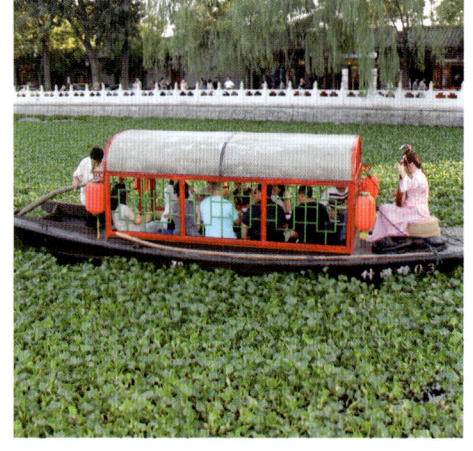

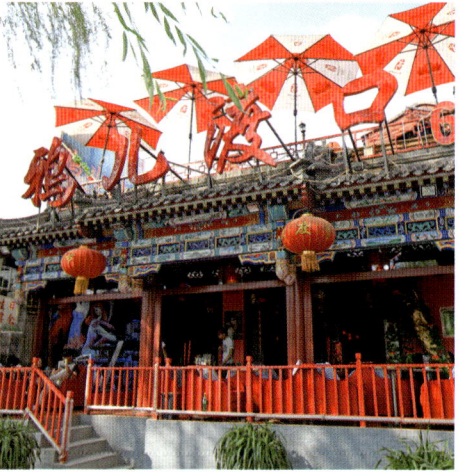

| 什刹海片区 |

烟袋斜街

精彩音频

　　烟袋斜街东起地安门外大街，呈东北—西南走向，全长232米，是北京现在很有代表性的一条街。在明朝初年，叫"打鱼厅东街"。清朝乾隆年间刊刻的《日下旧闻考》一书中称之为"鼓楼斜街"。

　　烟袋斜街最繁荣红火是在清朝光绪年间，而这个名字大概也是在此时叫开并流传下来的。清朝中后期，居住在北京城的旗人们大都嗜好抽旱烟或水烟。他们通常把烟叶装在烟袋中。于是，烟袋的需求就与日俱增。生活在斜街的人们就开起了一家一家的烟袋铺，而且，这条街上的烟袋铺都有一个特点，大都是高台阶，门前竖一个木制大烟袋当幌子。黑色的烟袋杆儿、金色的烟袋锅儿，这样的标志真可谓生动、形象至极。日子久了，斜街上烟袋铺子越来越多，所以，对

▲ 烟袋斜街

▼ 烟袋斜街牌坊上悬挂的大红灯笼、爆竹，呈现出一派吉祥、喜庆的景象

▲ 烟袋斜街上的冰糖葫芦

▲ 年轻情侣逛北京胡同，吃冰糖葫芦

于这条街，"打鱼厅斜街"和"鼓楼斜街"渐渐听不到了，"烟袋斜街"却是越叫越响。

除此之外，烟袋斜街本身就宛如一只烟袋。其细长的街道好似烟袋杆儿，东头入口像烟袋嘴儿，西头入口折向南边，通往银锭桥，看上去活像烟袋锅儿。正是基于这两点因素，所以才叫"烟袋斜街"。

▲ 海华烟具商行

烟袋铺

此处一连有两家烟袋铺：一为恒泰号，一为双盛泰，均由山西人开设。烟袋铺不仅仅卖成品烟袋，而且还备有各类烟袋杆，如乌木的、犀皮漆的、凤眼竹竿的等。其烟袋锅也各式各样，应有尽有，有黄铜的、白铜的、蒙古式带花纹的。烟袋嘴的材料也品种繁多，有料器的、玉石的、瓷的，大小长短不等，可按个人爱好配置。另外，还有各式烟袋荷包，山西"一口香"的小铜烟袋，小巧玲珑，典雅精致。到此处游览，你会发现最惹人注目的是门外檐下随风舞动的大烟袋幌子，可驻足品味。

| 什刹海片区 |

银锭桥

银锭桥位于西城区什刹海的前海和后海之间的水道上,连接着后海与前海,为南北向的单孔石拱桥,因形似银锭,故名。银锭桥,始建于明代,已有500多年的历史,是什刹海的风景之一。其长12米,宽7米,高8米,跨径5米,虽小而名气极大。

站在银锭桥上往西望去,水面宽阔,直到烟水苍茫,尽头现出青翠的西山,所以,此地又称"银锭观山"。每当夕阳西下,金色的余晖洒在湖面上,微波粼粼,金光闪闪,令人流连忘返。

▲ 银锭观山

▼ 什刹海银锭桥

| 多 | 视 | 角 | 下 | 的 | 北 | 京 | 胡 | 同 |

什刹海

　　什刹海，也写作"十刹海"，其周围原有10座寺庙，因此而得名。元代时，什刹海是一处宽而长的水面，明初时缩小，后来逐渐形成西海、后海、前海三个有水道相通的部分，自清代起成为游乐消夏的去处。什刹海景区除三海水域之外，还包括沿岸名胜古迹和民居民俗生活。景区东起地安门外大街，西到新街口北大街，北起北二环，南至平安大街，总面积146.7

▼ 什刹海夜景

| 什刹海片区 |

公顷，是北京城内老北京风貌保存最完好的地方。历经数百年的发展，什刹海积淀了上自皇亲国戚、士大夫，下至普通百姓的深厚的各阶层文化。沿着什刹海的河沿四周，分布着不规则但密如织网的网状胡同，这些胡同依势而建，自然天成，它们和四合院一起组成了老北京的风俗文化，是老北京活的历史。

▲ 什刹海

广福观

▲ 广福观

广福观位于烟袋斜街中段路北,建于明天顺三年(1459),起初为彭姓太监舍宅。明代管理道教的机构"道录司"曾设于此。清雍正年间重修,改名孚佑宫。光绪九年(1883)改建山门,民国后又复称广福观。广福观坐北朝南,有山门、前殿、中殿、东西配殿、后殿及配房等。观内有明朝天顺四年(1460)《重修广福观碑》。

| 什刹海片区 |

后海北沿

后海北沿即什刹海后海北岸的街道，一面临水，一面是民居，四季景色各异。自古至今，这里多名人居所。如后海北沿44号，是著名的醇亲王府，末代皇帝溥仪就诞生在此；46号，曾经的醇亲王府西花园，现在是宋庆龄同志故居；23号，原为大藏龙华寺，后为醇亲王载沣的祠堂，目前是一所幼儿园所在地。

▲ 大藏龙华寺

醇亲王府

醇亲王府位于后海北沿，清初时为大学士明珠的相府。后来和珅在明珠倒台后得到这座府邸。而他自己倒台后，这里又被嘉庆帝赐给成亲王永瑆作为府邸，直到清末成为醇亲王府。奕譞的原府位于西城区太平湖东里（现中央音乐学院）。因为光绪帝出生于此，即位后这里便成为光绪帝的潜邸。按规矩，奕譞及其家人不能再在此居住，所以，迁入位于后海北沿的新醇王府。旧府被称为南府，新府被称为北府。

府邸现归国家宗教事务局和中华宗教文化交流协会使用；1981年，醇王府花园（宋庆龄同志故居）对外开放。

▲ 醇亲王府

▲ 醇亲王奕譞

宋庆龄同志故居

坐落在北京西城区后海北沿46号的一座中西合璧式的院落是中华人民共和国名誉主席、伟大的民主革命先行者孙中山先生的夫人宋庆龄在北京居住的地方。

这是一座风景秀丽的园林式庭院。园内建筑错落有致，既具有江南水乡建筑的小巧秀

▲ 宋庆龄同志故居

美，又有着北方庭院的平旷宽敞，还兼具西方楼房浪漫典雅的建筑风格。

清康熙年间，这里是大学士明珠府邸的一部分。明珠的儿子，清代著名词人纳兰性德曾在此赏花吟诗。清乾隆年间，这里成为了和珅的别院。嘉庆年间，成亲王永瑆居住于此。光绪年间，醇亲王载沣把这里改造为自己王府的后花园，名为鉴园。1962年，经周恩来总理亲自筹划，开始对园子进行改造，新建一座仿古式两层主楼，作为宋庆龄在北京的寓所。宋庆龄同志于1963年迁入这里，一直工作生活了18年，直到1981年逝世。

1982年，经中央批准，故居开始对外开放。从此，这座幽静美丽的花园就成为了海内外人士缅怀、追念宋庆龄同志的地方。

▲ 卧室兼办公室

▲ 宋庆龄办公使用的红色电话机

| 什刹海片区 |

摄政王府马号

▲ 摄政王府马号旧址

摄政王府马号位于什刹海后海北沿43号,醇亲王北府东侧,建筑坐北朝南,有东西两个院落,建筑面积约1900平方米。

此马号建于清代。原有东西两个院落,东院有北房3间、东房9间,西院南房8间、东西配房各9间。现存建筑为大门1间,西院南房9间,前排东侧北房3间,西侧北房6间,西房9间,后排北房12间,东院北房3间。西院房屋均为硬山合瓦屋面,东院房屋为卷棚歇山筒瓦屋面。院内还保存有石马槽1件。

现作为北京第二聋哑学校校舍,为西城区文物保护单位。

后海5号

后海5号是众多酒吧中比较有特色的一个,晚上的气氛很不错,服务周到热情,不会让人感觉压抑。整个酒吧共分为两层,一层是室内的常规酒吧座位,有卡座也有坐在外面的,中间有个小舞台,上面有年轻的歌手和乐器手在充满激情地表演;二层是露天的露台,如果在天气好的夏天,坐在上面喝着美酒,吹着徐徐的凉风,看着后海那一片灯红酒绿,真是美好的享受。

▲ 后海5号

| 多|视|角|下|的|北|京|胡|同 |

九门小吃

九门小吃,坐落于北京著名的风景区——什刹海后海北沿,德胜门内大街孝友胡同1号。在近3 000多平方米的老式四合院中,囊括了京城传统的12家老字号小吃:小肠陈、褡裢火烧、爆肚冯、奶酪魏、茶汤李、月盛斋、馅饼周、德顺斋、年糕钱、羊头马、豆腐脑白、恩元居。在这里,足不出户便可以品尝京城具有代表性的10多家传统老字号、共300多个品种的小吃,能感受到当年北京前门门框胡同内小吃连片的市井氛围。九门小吃从选料、秘方、制作到出品,已开始实行数据化生产管理,品质完全可以保证。

▲ 九门小吃大门

▲ 九门小吃内景

▲ 九门小吃:卤煮火烧

▲ 九门小吃:烧卖

前海东沿

前海东沿，位于西城区东北部的胡同，北起银锭桥，南到金锭桥与前海南沿连接，呈弧形，同地安门外大街连接。

因邻义溜胡同，故民国时称"义溜河沿"。在什刹海，凡是临"海"

▲ 前海东沿三轮车

的地方均称某某河沿。民国时期，义溜河沿设有小市，当时烤肉季曾在此处临时设摊经营烤肉。现在，这条胡同有烤肉季、庆云楼、东兴顺爆肚张、火德真君庙、京杭运河积水潭港碑记等著名小吃和景点，值得游览。

火德真君庙

火德真君庙位于西城区地安门外大街什刹海东岸，俗称火神庙，始建于唐贞观年间。那时，香火相当旺盛。元、明、清时皆有重修。

火德真君庙里供奉真武大帝，为象征天地精灵的龟蛇抱像。庙宇坐北朝南，为3进院落。山门内外原各有一座牌楼，现已毁。山门为歇山顶，内原有钟楼、鼓楼。南面的倒座房是隆恩殿，面阔3间，供奉隆恩真君王灵官。

▲ 火德真君庙大门

▲ 火德真君庙牌坊

历史红尘：烤肉季的来历及特色

烤肉季饭庄坐落在风景如画的什刹海边，周围是北京民俗旅游区。

相传，清道光二十八年（1848），北京通州的回民季德彩，在什刹海边的"荷花市场"摆摊卖烤羊肉，打出了"烤肉季"的布幌。从此，季家在此经营烤羊肉多年，慢慢有了积蓄后，便买下了一座小楼，开办了"烤肉季"烤肉馆。店主季德彩去世后，由其子季宗斌继业，再后又由其孙季增元接班。1927年季增元病逝，由21岁的胞弟季阁臣接手。他接手后，用砖头支起一口大铜锅，搭起一个铝板棚，摆放8张桌子、二十几

▲ 烤肉季

个凳子，改成坐商继续经营烤羊肉，并顺用惯称，立字号为"烤肉季"。1945年8月，季阁臣为求店铺更大的发展，东奔西跑，筹借资金，终于在银锭桥畔买下了一座古朴小巧的楼房，继续经营烤肉。

百余年来，烤肉季生意不衰，其奥妙之处在于有"三绝"。

一绝是烤羊肉。清时，北京的城北王府居多，旗人尤其爱吃烤肉。烤肉季的烤羊肉精选原料，经过加味腌煨，在特制的炙子上烤熟后含浆滑美、不腥不膻，常常使人食一二斤后仍不尽兴。

二绝是观景。银锭桥是老北京著名的"燕京小八景"之一。据说站在桥上极目远眺，可见北京西山，雨后更可观斜阳。

三绝是赏荷。烤肉季坐落在北京皇家园林——北海风景区内。落坐此店，可见后海荷花满池，正所谓："地安门外赏荷时，树里红莲映碧池。好似天香楼上坐，酒醉人阑语丝丝。"

如今，烤肉季除主营北京烤肉外，还经营清真炒菜、北京烤鸭。其名优特色菜有手抓羊肉、扒三白、炒龙凤丝、扒羊头、扒羊蹄、杏干羊肉等。另外，这里的清真海鲜也独具特色。

▲ 烤肉季羊肉串

| 什刹海片区 |

▲ 庆云楼

庆云楼

庆云楼，曾经是京城"八大楼"之一，是北京最早的高端鲁菜酒楼。如今的庆云楼是一家主要做越南菜和鲁菜的餐厅，一楼是鲁菜，二楼是越南菜。作为曾经的高端鲁菜餐厅，鲁菜是餐厅的特色，餐厅根据历史资料还原了几十道传统名菜，味道都很正宗。餐厅二楼的越南菜在京城久负盛名，厨师是真正的越南人，所以这里的越南西贡菜品非常地道。

京杭运河积水潭港碑记

在前海东岸的火神庙西侧广场中心，立有一块高2.8米，宽5.2米的泰山石卧碑，正面镌刻"京杭运河积水潭港"8个金字。该碑记载了什刹海的由来以及元大都的形成，介绍了积水潭在元大都和当时漕运中的重要地位。

当时的京杭运河北起元大都城积水潭，南抵杭州，为沟通南北交通的大动脉，对百姓的生活具有重大意义。

▲ 京杭运河积水潭港碑记

荷花市场

▲ 荷花市场牌坊

荷花市场位于什刹海前海西岸，为北京平民的消夏胜地。最早由和珅仿西湖苏堤而建，时称"和公堤"。清代同治、光绪年间，什刹海水面遍植荷花，岸边垂柳依河，景致绝佳，市场遂以荷花市场为名。

荷花市场兴起于20世纪20年代，多售卖荷鲜、冰碗等食品摊点，一些艺人也纷纷到此献艺。民国年间衰败，在20世纪末又重新开放。现在海边依然垂柳依依，街上人流如织，不过街边的小摊小贩已被一些古色古香的特色餐馆、高级酒吧所代替。

▲ 兰花坊酒吧

兰花坊酒吧

兰花坊酒吧，位于地安门西大街荷花市场内天荷坊14号，是什刹海酒吧街里众多酒吧之一，这里酒菜丰富，环境宜人。酒吧共有3层，一楼有中式灯笼、暖色屋顶，光影柔和，气氛静谧，有时还会有乐队表演；二楼有轻纱帷幔环绕，舒适安静，适合聊天谈事；三楼有露台，夜晚到这里品尝美酒，欣赏后海美景，也是一大乐事。

兰花坊酒吧主打泰国菜，其特色菜品有绿咖喱鸡、丁丁之旅等，都很地道。这里有不同主题的房间，有情侣约会、休闲小憩、朋友聚餐等类型，可以满足不同人群的需要。

甲丁坊

甲丁坊，位于波光粼粼的什刹海前海西岸荷花市场9号。这里荷花、涟漪相映成趣，风景宜人。酒吧共有4个区域，其1 000多平方米的活动空间被分为了HIP-HOP舞动区、乐队表演区（新民乐/爵士表演）、VIP贵宾会员区和可以把浪漫发挥到极致的外场露台区。这里是一个集西餐馆、酒吧于

▲ 甲丁坊

一体的休闲之所，个性派对、新闻发布会、新产品发布会、品牌形象宣传、艺术品拍卖、商业性歌友会、冷餐会、中西宴会等各种公关、商务活动都可以在这里举办。

其食物以西式和东南亚美食为主，如意大利菜、越南菜等。酒吧有专门的舞蹈区和乐队表演区，喜欢动感音乐的朋友可以来这里坐坐。

▲ 同和居饭庄

同和居

同和居饭庄，位于什刹海前海西岸荷花市场内，是北京较早经营鲁菜的中华老字号，开业于清代道光二年（1822），曾是旧京城著名"八大居"饭馆之首。饭庄营业面积为500平方米，由一个大厅及环大厅的天和、地和、人和三个KTV厅房组成，配有一流的音响设备，功能多样，环境舒适。饭庄可同时接待300人就餐，并可为各类文艺表演、比赛、庆典活动提供场所。饭庄主营山东福山帮的菜，为满足多方宾客的需要，还汲取其他菜系的精华，增设了鲜活鱼、虾、蟹等原料，以供顾客随意选用。

前海西街

前海西街位于地安门西大街东头路北,与千竿胡同相连。此处原为前海西沿,新中国成立后将前海西南一部填平改为体育场(今什刹海体育学校),西沿向东移,此处改称前海西街。

前海西街最有名的名胜古迹有两处:一为17号恭王府;二为18号郭沫若故居。

▲ 恭王府——宫门

恭王府

恭王府由多个四合院组成,分东中西3路:中路有3座建筑,即大殿、后殿、延楼,是王府的主体建筑;东、西路各有3个院落;最后面是花园。它始建于清乾隆四十一年(1776),是清代规模最大的一座王府,最早为和珅的宅第,称"和第"。和珅死后,为嘉庆皇帝胞弟庆僖亲王永璘所有。咸丰元年(1851),宅第三易主人,属恭亲王奕䜣所有,自此称"恭王府"。20世纪90年代,恭王府对外开放,现为国家重点文物保护单位。历史地理学家侯仁之说:"一座恭王府,半部清朝史。"

恭王府规模宏大,布局讲究,建筑富丽堂皇,是感受北京王府文化的绝佳选择之一。在此除观赏景致外,还可欣赏北京的传统节目演出,以及品尝小吃和盖碗茶等。

▲ 恭王府方塘水榭湖心亭

嘉庆帝扳倒和珅的真正内幕知多少

和珅是乾隆时期的首席军机大臣，权力之大，宛如一个"二皇帝"。乾隆死后，不及十五日，嘉庆帝就下旨处死了和珅。那么嘉庆帝为什么要扳倒和珅，其内幕又是如何？

和珅生于乾隆十一年（1746），比乾隆小35岁。在乾隆三十五年（1770），和珅考举未中，但和珅是满洲正红旗人，做了个官廷侍卫，开始出入宫廷。从此，和珅就有了接近乾隆的机会。据《和珅列

▲ 恭王府多福轩内景

传》记载，和珅天资聪慧，记忆力惊人，而且懂多种语言文字，还有高强的武艺，可谓是文武全才。这是接近乾隆后，被乾隆帝赏识的根本所在。试想，若是和珅真如电视节目上说的那样不学无术，如何能得到乾隆的肯定？在陪伴乾隆时，和珅多次和乾隆对答，其才思敏捷，深得乾隆的喜爱。乾隆爱和诗，和珅投其所好，也钻研诗文。乾隆喜欢书法，和珅就临摹乾隆的书法。由于和珅天资聪颖，加上能够体贴乾隆，投其所好，很快就被乾隆升为军机大臣。

▲ 乾隆帝御题和珅隶书青玉如意（清·乾隆）

和珅为官之初，清正廉明，管理布库时，令布库存量大大增加。李侍尧案时，和珅利用其机敏才智，查找出李侍尧贪污的证据，一举迫使李侍尧低头认罪。

李侍尧案后，和珅尝到了大权在握的甜头，开始一步步走向贪官的道路。乾隆四十五年（1780）四月，和珅的长子丰绅

殷德被皇帝赐婚，做了十公主的驸马爷，领受乾隆各种赏赐。百官开始巴结和珅。起初和珅不受贿赂，时间长了，经受不起诱惑，就走上了贪污之路。彼时，和珅开始结党营私，大力培植势力，组成了一个巨大的贪污集团。

嘉庆帝即位后前4年，政权仍在太上皇乾隆手里。及至乾隆去世，嘉庆帝掌权开始整顿吏治。首先处治了和珅，公布其二十大罪状，令其自杀身亡。后世之人认为嘉庆帝扳倒和珅的原因有以下几点：

第一，和珅"富可敌国"。扳倒和珅，抄其家，就可缓解嘉庆帝的财政压力。据史书记载，和珅被抄家时，发现其家产合白银8亿两。当时清政府的一年财政收入为7000万两白银。由此可见扳倒和珅确实可以大大缓解财政压力。

第二，和珅"权大震主"。当时嘉庆帝初掌大权，而作为宰相的和珅权力特别大，严重威胁到了嘉庆帝的皇权。只有除掉和珅，击垮和珅集团，自己的皇位坐得才够安稳。

嘉庆帝对和珅只是作为个案处理，没有过多地牵连他人，从而也不能从根本上解决贪污的问题。

▲ 嘉庆皇帝

▲ 恭王府乐古斋内景

| 什刹海片区 |

郭沫若故居

北京郭沫若故居，地处北京市西城区前海西街，东临什刹海，南望北海公园静心斋。是著名文学家、剧作家、考古学家、古文字学家、历史学家、社会活动家、诗人郭沫若生前生活居住过的地方，1982年被列入第二批全国重点文物保护单位名单。1994年，中国社会科学院将"郭沫若故居"更

▲ 郭沫若故居大门

名为"郭沫若纪念馆"。2000年5月，郭沫若纪念馆经过一年的维修重新开馆，各展室陈列品经过大幅调整，更加方便了游人从不同角度了解这位20世纪文化名人的一生。纪念馆现藏有郭沫若生前大量著译手稿的原件及研究工作所用的书籍，其中的一批有关《管子》研究的线装书具有重要价值。

郭沫若故居是一个二进的四合院，前院内有一棵高大的银杏树，由郭沫若当年亲手栽种。院内还有郭沫若坐像，东西厢房及后排东房陈列室展现了郭沫若的一生及其成就。纪念馆大门上方悬挂着的"郭沫若故居"金字牌匾，是由邓颖超题写的。

▲ 郭沫若故居银杏树（妈妈树）

▲ 故居内的郭沫若雕像

199

多|视|角|下|的|北|京|胡|同

鸦儿胡同

精彩音频

鸦儿胡同，东南起小石碑胡同，与烟袋斜街相连；西北至甘露胡同，全长820米，是北京城中比较长的胡同之一。

元代称沿儿胡同，明代称广化寺街，清代取沿儿胡同的谐音称鸭儿胡同，民国后改称为鸦儿胡同。

鸦儿胡同比较著名的景点有：明代古刹广化寺、作家萧军的故居——"蜗蜗居"等。

▲ 鸦儿胡同

▲ 广化寺山门

广化寺

广化寺坐落在风景秀丽的什刹海后海的北岸鸦儿胡同31号，是北京市著名的佛教十方丛林，汉族地区重要的佛教寺院。

广化寺始建于元代，后经明清三次修建。清代宣统年间还是京师图书馆所在地。1982年，北京市佛教协会在广化寺成立。1986年，北京佛教音乐团在这里成立。2001年北京佛教文化研究所落户广化寺。每逢农历初一和十五，广化寺都会有法事活动，每个周六北京佛教音乐团在广化寺有演奏活动。

整座寺庙古柏苍翠，花草溢香，曲径通幽，钟鼓声声，梵音阵阵。错落有致的殿堂布局、庄严神圣的诸佛菩萨，总是带给人们一份神秘与向往，激发人们内心寻求回归的愿望。

▲ 广化寺鼓楼

▲ 广化寺钟楼

200

铸钟胡同

铸钟胡同位于西城区，旧鼓楼大街西侧。明代称铸钟厂，是铸钟的地方，大钟寺的永乐大钟就在此铸成。该钟为全国第一大钟，重约63吨。新中国成立后，改称为铸钟胡同。

这条简陋的胡同，曾因一位大师级的人物——梁漱溟而出名。

如今，胡同院墙上的青灰已经脱落，诉说着岁月的痕迹。

▲ 大钟寺古钟博物馆永乐大钟

▲ 铸钟胡同

梁漱溟故居

在铸钟胡同，有一位大师级的人物梁漱溟曾居住于此。梁漱溟，中国著名的思想家、哲学家、教育家、社会活动家、国学大师，主要研究人生问题和社会问题，现代新儒家的早期代表人物之一，素有"中国最后一位儒家"之称。受泰州学派的影响，他曾在中国发起过乡村建设运动。民国后，曾任《民国报》编辑。1917年，受蔡元培邀请到北京大学任讲师。"文革"时，他在这条小胡同里居住了大约7年。虽历经风雨，但他却始终代表中国知识分子固有的气质。

▲ 乡村建设派同人合影，前排左二为晏阳初，左八为梁漱溟

多 视 角 下 的 北 京 胡 同

翔凤胡同

▲ 大翔凤胡同

在恭王府的北墙外边，有条 4 米宽的胡同。其南是恭王府高高的大墙，北边则是或高或矮的门楼。由于这条胡同地处高墙之外，人们就形象地称它为"墙缝胡同"。由于念起来太拗口，后来又雅化成了"翔凤胡同"。翔凤胡同分两条，大的叫大翔凤胡同，小的叫小翔凤胡同。

大翔凤胡同东起后海南沿，西至柳荫街，全长 480 米，宽约 4 米。这条胡同比较有名的名胜古迹有：24 号的梅府家宴，27 号的门簪（簪上方为"毛主席万岁"）。

小翔凤胡同东起大翔凤胡同，西至西煤厂胡同，全长 90 米，宽约 3 米。胡同里以"鉴园"最为著名，原为恭亲王所建的别邸。

▲ 小翔凤胡同

| 什刹海片区 |

梅府家宴

梅府家宴位于大翔凤胡同24号，20世纪五六十年代，这里曾是大翔凤胡同小学一分校。梅府家宴是由演员杜家毅投建的一座特色饭庄，主营梅兰芳先生家传菜。饭庄坐落在恭王府旁边，雅致的建筑风格让人眼前一亮。走进梅府，扑面而来的是一种典雅、飘逸、跃动而又华丽的氛围。饭庄以梅、兰、竹、菊为名的几间厅房布置典雅，各有风情。在这里，老板叫"东家"，经理叫"总管"，这里的菜单都由"总管"亲笔书写，而菜式则来自梅兰芳先生家传的600道菜，厨师中有4位都是梅先生家厨王寿山先生的传人。梅府家宴努力寻找戏曲和厨艺的最佳契合点，这不仅是味觉的满足，同时也是精神上的慰藉。

▲ 梅府家宴

鉴园

位于西城区小翔凤胡同。原为恭亲王奕䜣所建别邸，又称"止园"。园坐北朝南，建筑面积约580平方米。大门外有照壁，两侧为八字门墙。门内侧有影壁园门，邻街的一排倒座房还有虎皮石墙下肩。东部有3进院落，每一进院落都各有北房、左右抄手游廊。室内装修大多采用楠木，间隔有花罩和栏杆罩。最有意思的是，中间北面的落地罩木床上镶着一面与墙同大的玻璃镜，躺在床上就可以从镜中看到湖光山色，这也是园名含义之所在。后来鉴园几经易手，但基本保存尚好，是北京有名的私家园邸。现在已不对外开放，大门陈旧不堪。

▲ 鉴园

203

多视角下的北京胡同

羊房胡同

▲ 羊房胡同

羊房胡同位于西城区，什刹海南，柳荫街西。据推测，羊房胡同过去应该和羊有一定关系。羊房胡同之所以有名，与这里的11号院厉家菜有关。

野鸭岛

野鸭岛位于什刹海后海西端，建于2000年7月，面积100平方米。如今，这里已经成为独特的景观：成群的野鸭已在此安家落户，带来了无穷的欢乐。夏秋时节，沿着湖沿散步，别有一种闲适的情调！

▲ 后海野鸭岛

厉家菜

厉家菜，位于北京后海的羊房胡同里，这里除了有一个门牌号（羊房11号）外，没有任何标志。厉家菜的菜品都是清朝同治、光绪年间的内务府大臣厉子嘉后裔的私房菜。厉子嘉是清朝的内务府都统，深受慈禧信任。御膳房每天的菜单都由他审批，慈禧、皇上吃的菜他都品尝过。每次看过菜谱，他都牢记在心，回家后一一记下，晚年整理出了一套菜谱，这就是厉家菜的渊源。厉家菜在最初时每周只开一桌，后来放宽为每周两桌（周六和周日），现在又改为每天一桌。

▲ 厉家菜饭店（羊房胡同11号）

| 什刹海片区 |

定阜街

精彩视频

定阜街位于西城区东北部，东起龙头井街，西至德胜门内大街。明称定府大街。永乐初，这条街道上因建有明朝定国公府第，故而被称为定府大街。清乾隆时作定府楼街。清末又改回原称。民初未变，且又将"府"谐音为"阜"。1965年后，作今称。

庆王府

庆王府位于定阜街3号，原为道光朝大学士琦善宅第，因道光二十一年（1841）琦善擅自与义律签订《穿鼻草约》，割让香港而被革职。不久，奕劻迁入后按王府规制改建。

其自西向东可分为5个并排院落，有大小楼房近千间。主体殿堂在东部，屋面不是琉璃瓦，而是灰筒瓦。如今东部和中部的建筑大都不存，仅保留了一座后寝；而西部的建筑基本保存完整。西部是王府主要

▲ 庆王府旧址

的生活居住区，共有3组院落，整个院落的最后是一座二层小楼，也称"绣楼"，至今仍然保存完好。此外，在后园内还留有一座戏楼，有1300平方米，能容纳300多人。当年奕劻每有生日或喜庆，都要在这里大摆宴席演戏三天。后来戏楼被焚，在遗址上改建了一座礼堂。目前，王府暂不对外开放。

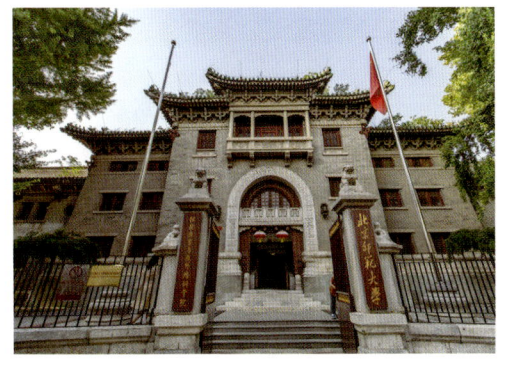
▲ 辅仁大学旧址

辅仁大学旧址

辅仁大学位于定阜街的东边路北，前身为英华、马良创立的辅仁社。难得的是，抗日战争时期，辅仁大学是北方沦陷区唯一一所不挂日本国旗、不用日文课本、不以日语为必修课，并且文理科仍使用原有教材的学校。因此，很多未能顺利转移到西南大后方的知名学者、教授纷纷到辅仁大学任职。新中国成立后，辅仁大学重组为北京师范大学，现在旧址处仍为北师大的分院。

|多|视|角|下|的|北|京|胡|同|

护国寺街

精彩视频

　　护国寺街位于西城区东北部，东起德胜门内大街，西至新街口南大街，因护国寺得名。其成名于护国寺庙会。历史上，每到庙会时日，这里就是一个人头攒动、百货云集、江湖卖艺和民俗文化汇聚的大集市。在此，不仅可以品尝美食，还可以买货、听相声、看杂耍。由于护国寺庙会每个月都有，周边便逐渐形成了以护国寺为中心的商业区。

▲ 护国寺小吃店外景

护国寺小吃店

　　护国寺小吃是北京地方小吃的代表之一，以其品种丰富、特色突出、具有深厚的历史文化底蕴而著称。这里小吃品种很全，价格也公道。豌豆黄绵甜爽口，面茶香气扑鼻，奶油炸糕百吃不厌，还有驴打滚、羊杂汤、豆汁等，共计 80 余种，聚集了京味小吃之精华。虽说小店没什么环境可言，一到饭点人就满满的，但正是身处这样的地方，看许多老爷爷、老奶奶，喝着豆汁，吃着焦圈，才明白原来平淡也是一种幸福。

▲ 护国寺小吃店：豌豆黄

▲ 护国寺小吃店：驴打滚

| 什刹海片区 |

历史红尘：护国寺及护国寺庙会

护国寺，位于北京市西城西四牌楼北面，为北京八大寺庙之一，始建于元代。护国寺最初是元朝丞相托克托的官邸，后来改建为寺庙，并得名崇国寺；明宣德四年（1429），崇德寺更名为大隆善寺；明成化八年（1472），朝廷赐其名为大隆善护国寺；清康熙六十一年（1722），蒙古王公贝勒修缮了这座寺院，为圣祖康熙帝祝寿祈福，并将其命名为护国寺。其又称西寺，与被称为东寺的隆福寺相呼应。

▲ 护国寺金刚殿局部

护国寺前后共有5进院落，碑刻很多，其中最为著名的是元代赵孟頫书的《皇庆元年崇教大师演公碑》和危素撰写的《至正二十四年隆安选公传戒碑》等。护国寺中除了供奉佛教的诸佛祖之外，还保存有元代丞相脱脱夫妇的塑像和辅佐明成祖朱棣、建有殊勋的姚广孝的影堂。除此之外，寺院中还有数亩葡萄园，由此可见其规模之大。

新中国成立以后，寺庙中的建筑逐渐被一些单位占用，大部分建筑则被拆除，并改建为楼房。寺院的原有建筑就只剩下金刚殿和后殿的几间西配殿了。当年护国寺的庙宇虽然早已损毁，但是整个庙的规模框架还在，并逐渐演变成城内的集市——护国寺庙会。

护国寺庙会与隆福寺、白塔寺、土地庙、花市四处庙会齐名，被当地人称为是"京城五大庙会"，历史非常悠久。护国寺庙会从兴起到新中国成立前，经历了约有300年的历史，历经沧桑，不断发生着变化。

▲ 护国寺

护国寺在以前只在旧历逢七、逢八的时候才会开放，从民国十一年（1922）开始，改为阳历逢七、逢八开放。据《燕京岁时记》记载，每届庙会期间，"凡珠玉、绫罗、衣服、饮食、古玩、字画、花鸟、鱼虫以及寻常日用之物、星卜杂技之流，无所不有"，城乡游人摩肩接踵，甚至居住在定阜大街一带的清王府邸的贵族妇女也来这里光顾。

护国寺庙门前及西门内摆放的鲜花很多，香气袭人，当时人们称之为"生香不断四时花"，很有特色。

梅兰芳纪念馆

梅兰芳纪念馆，位于西城区护国寺街，占地面积1 000余平方米，是一座典型的北京四合院。此院原为清末庆亲王奕劻王府的一部分，解放后经过修缮，梅兰芳搬到这里居住，并在此度过了他人生的最后10年。纪念馆开设了正院北房、外院南房、内院东房、西房4个展览室，正院北房为"故居陈列室"，保持了梅兰芳在世时

▲ 梅兰芳纪念馆

的客厅、书房、卧室、起居室的各项陈设原貌；外院南房为"第一陈列室"，展出了关于梅兰芳主要艺术生活和社会活动的精选图片和资料；内院东房为"第二陈列室"，陈列着梅兰芳使用过的部分戏装、道具及一些馆藏资料，另一内室为专题展览，不定期更换内容；西房为"第三陈列室"，陈列着国内外友人赠送梅兰芳的书法、绘画等纪念品。

纪念馆内弥漫着一股浓厚的艺术气息，让人情不自禁地追思梅兰芳先生的艺术风采。

▲ 纪念馆内的梅兰芳雕像

▲ 梅兰芳纪念馆内景

什刹海片区

百花深处胡同

精彩视频

在今西城区什刹海街道辖域有一条胡同，东起护国寺东巷，西至新街口南大街，名叫"百花深处"，堪称北京最雅致的地名。诗人顾城写有一首《题百花深处》："百花深处好，世人皆不晓。小院半壁阴，老庙三尺草。秋风未曾忘，又将落叶扫。此处胜桃源，只是人将老。"的确，这条胡同很窄，少见日光，不易被人发现，正应了顾城那句"世人皆不晓"。不过，因为导演陈凯歌的一部短片《百花深处》，百花深处这个地名开始广为人知。

▲ 百花深处胡同

据《北京琐闻录》记载，明万历年间，有张姓夫妇在新街口南小巷内购买空地二三十亩，以种青菜为生。有了钱后，在园中种植树木，叠石为山，挖掘水池……使这块菜地成为一个十分幽雅的所在。又辟地种植牡丹、芍药，在池中种植莲藕。夏日，当夕阳西下时，驾上小舟往来绿波之中，香风扑面，真是令人心旷神怡……当时城中士大夫等多前往游赏。因此北京人称它为百花深处。后来张姓夫妇过世，花园日渐荒芜，但百花深处的名字还是留了下来。

清乾隆年间，这里叫花局胡同，是种植花卉的场所。到光绪年间改称百花深处胡同，后来省去"胡同"二字，就叫百花深处，却已见不到鲜花烂漫的景色了。

后来，新街口百花深处胡同16号又建起了百花录音棚。

▲ 百花深处胡同25号

多 | 视 | 角 | 下 | 的 | 北 | 京 | 胡 | 同

西海南沿

西海南沿位于西海东南侧，东从德胜门内大街的德胜桥南侧进入，到德胜桥西水闸桥一分为二，一路向南，然后折向东向南，从辛勤胡同北口穿出；另一路向西，顺着河沿到西海西沿。其全长480米，均宽5米，中间有条岔巷，以前叫"高庙后身"。

西海南沿名称形成于清末，当时叫西海南河沿，1965年定为现名。

棍贝子府

在北京积水潭医院，有一座风景宜人、空气清新、花木繁多的后花园。这是清王朝一座贝子府的后花园。医院所在的位置正是曾经的贝子府邸。这座贝子府，因末代府主为棍布扎贝贝子，所以称之为棍贝子府。

清雍正八年（1730），诚亲王胤祉第七子弘暻被封为贝子，改诚亲王新府为固山贝子弘暻府。该府颇具规模，亭台楼阁、古木花草、假山流水样样具备。清嘉庆三年（1798），该府被赐给仁宗第四女庄静固伦公主，因此改称为庄静固伦公主府。此后一直为公主后人所有。棍布扎贝为公主曾孙，是蒙古土默特世袭王爷，于清光绪六年（1880）袭贝子爵位，一直居于该府，直到清朝灭亡。

▲ 棍贝子府花园重修记石刻

20世纪50年代，该府原有建筑绝大部分被拆除，改建为积水潭医院，只有后花园被留下来，成为医院病人休养身心的地方。

▲ 棍贝子府花园一

▲ 棍贝子府花园二

| 什刹海片区 |

西海北沿

西海北沿位于西海北侧，东西走向，东起西海东沿，西至德胜门东大街，全长484米，均宽6米。其名称形成于清末，当时叫"西海北河沿"。1965年将铜局、净业寺夹道、太平胡同并入，定名西海北沿。

▲ 汇通祠入口

西海北沿在明清两代地理位置极其重要，这里庙宇多，有净业寺、太平庵、三官庙。另外，西侧的汇通祠也位于此处。

郭守敬纪念馆

郭守敬纪念馆位于西海北沿汇通祠内，为社科类专题人物纪念馆，1988年10月建成开馆。汇通祠始建于元代，初名镇水观音庵。郭守敬曾长期在此主持全国水系的水利建设设计。乾隆年间重修后，改名汇通祠。1986年复建。

整座建筑造型得体，格调素雅，步入园中，假山叠石，错落有致，登高放眼，可见清水悠悠，小桥流水潺潺。

纪念馆分3个展厅，向游人展示了我国元代天文学家和水利学家郭守敬的生平功绩。

▲ 郭守敬纪念馆

▲ 郭守敬雕像

| 多 | 视 | 角 | 下 | 的 | 北 | 京 | 胡 | 同 |

棉花胡同

棉花胡同，位于北京市西城区东北部。北起罗儿胡同，南至护国寺街。明《京师五城坊巷胡同集》《宛署杂记》作"绵花"胡同。清乾隆十五年（1750）京城全图，"绵"讹作"棉"。1965年罗儿胡同、斗鸡坑胡同部分并入。

胡同以66号的蔡锷故居闻名于世。

▲ 棉花胡同

蔡锷故居

蔡锷故居位于西城区棉花胡同66号。由前后两院组成，房屋由回廊相连，现基本保持旧观。前院的西房系大门和3间配房及北房、南房各3间。后院有北房、南房、东房各3间。

▲ 蔡锷故居

1913年11月至1915年11月，蔡锷将军在此蛰居了两年，并走上了讨袁的道路。

在蔡锷故居，有两棵几百年的郁郁葱葱的老槐树，见证着院里的人和故事，其中最有传奇色彩的就是蔡锷和小凤仙的故事了，在当时成为一段佳话。20世纪80年代初有一部电影《知音》，说的就是蔡锷和小凤仙的故事。

蔡锷与小凤仙的传奇

蔡锷（1882—1916），原名艮寅，字松坡，湖南宝庆（即今邵阳市洞口县）人。他曾经发动了反对袁世凯实行帝制的护国运动，为中国民主共和的实现做了重要贡献。他还是中华民国初期杰出的军事领袖，在中国近代军事的发展中起到了重要作用。

关于蔡锷，人们关心最多的恐怕就是他与小凤仙的故事了。二人的故事被许多野史所记载，也曾多次被拍成了影视作品，但是其真实性一直是说法不一。传说蔡锷和小凤仙结识于北京前门大栅栏西街青云阁的普珍园，两人曾多次在那里约会，从而开始了一段流传千古的爱情故事。当时，蔡锷被诱骗进京师，虽然被封为"昭威将军"，担任一些有名无实的职务，但是终日的无所事事还是使他内心烦闷，于是他就到了八大胡同，就是在那里他第一次碰到了小凤仙。小凤仙听说过他的故事，对

▲ 蔡锷

▲ 1915年12月，蔡锷等在云南组织护国军，兴师讨袁。图为部分护国军将领合影，左三为蔡锷

▲ 蔡锷的望远镜

▲ 蔡锷的指南针

▲ 小凤仙

他很是敬重，而蔡锷对她也是有情有义，两人情投意合。后来，在小凤仙的帮助下，蔡锷逃离了北京。

护国战争后，蔡锷的病情日益严重，虽然他思念故人，但是已经来不及再见小凤仙了，只能急忙沿江东下，经上海到日本就医，但最终还是没能挽救其生命。小凤仙苦等将军，但是没想到等来的竟然是他的死讯，于是悲痛欲绝，在此后的很长时间里都无法忘怀。因为思念心切，她故地重游，来到青云阁回忆与将军的点滴，不想遇到了她后来的丈夫。她丈夫的长相与将军很像，于是她便隐姓埋名，与丈夫走到了一起，过上了与世无争的生活。当然，这毕竟只是一个传说，至于当时具体是怎样的情况，因为当事人都已逝去而且没有留下任何资料，所以现在已经无从知晓了，就让它永远作为一段佳话流传下去吧。

西四片区

　　西四原称"西四牌楼",始建于元代,因原来此地十字路口东西南北各有一座木质牌楼而得名。该处的万松老人塔、鲁迅故居历史积淀深厚,值得游览。

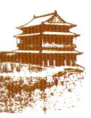

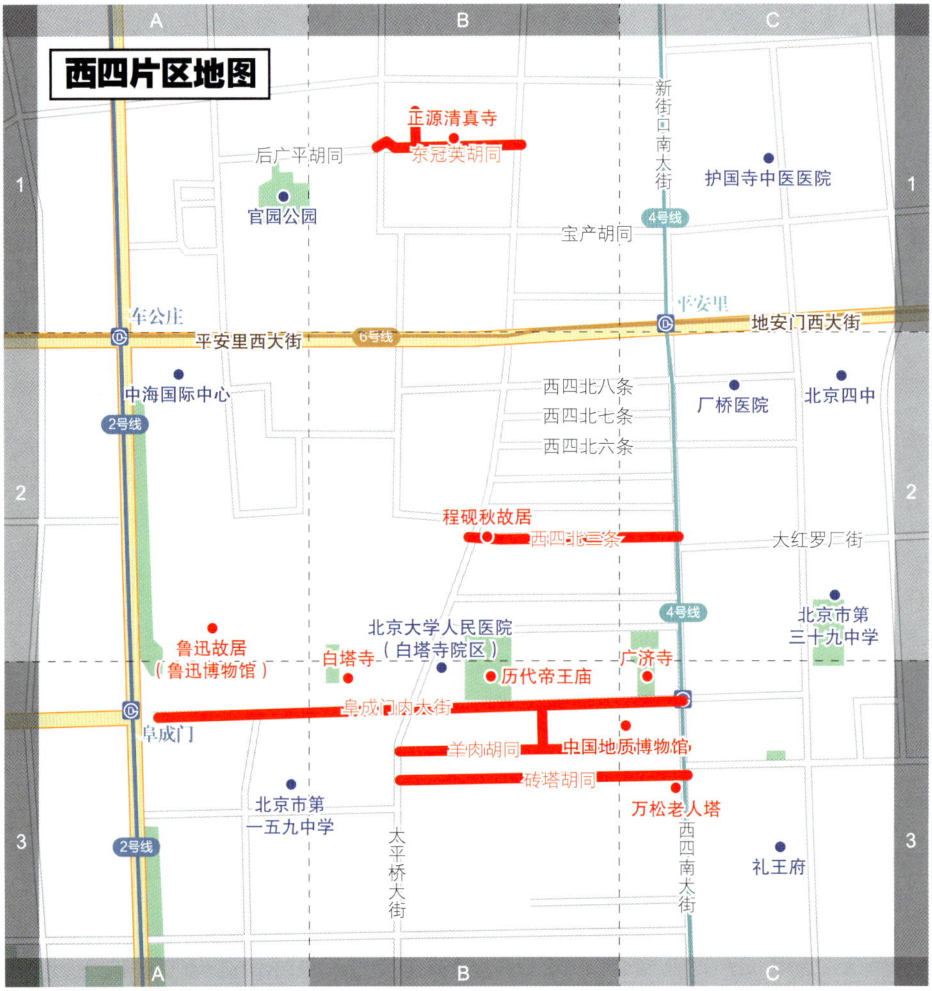
西四片区地图
A
B
C
1
2
3
正源清真寺
后广平胡同
东冠英胡同
官园公园
新街口南大街
护国寺中医医院
4号线
宝产胡同
车公庄
平安里
平安里西大街
6号线
地安门西大街
中海国际中心
2号线
西四北八条
西四北七条
西四北六条
厂桥医院
北京四中
程砚秋故居
西四北三条
大红罗厂街
北京市第
三十九中学
北京大学人民医院
（白塔寺院区）
鲁迅故居
（鲁迅博物馆）
白塔寺
历代帝王庙
广济寺
阜成门内大街
阜成门
羊肉胡同
中国地质博物馆
砖塔胡同
万松老人塔
北京市第
一五九中学
太平桥大街
西四南大街
礼王府

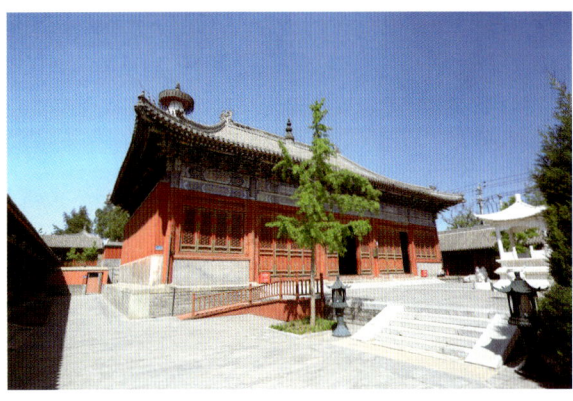

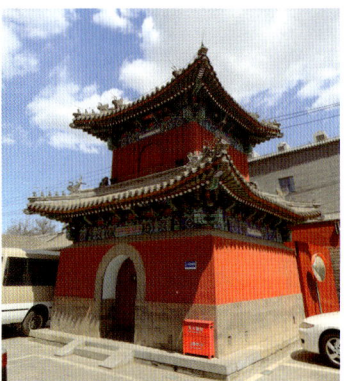

西四片区

砖塔胡同

精彩音频

砖塔胡同是北京历史最悠久的胡同之一,也是目前遭到破坏较少、风貌保存较好的老北京胡同之一。砖塔胡同的得名源于胡同东口的万松老人塔,这座塔可以说是北京城区仅存的一座砖塔,是元朝时为了纪念万松行秀大师而修建的,历经数百年风雨,至今仍然保存完好。砖塔胡同的名称早在元曲中就存在了,被认为是北京城里得名最早的胡同之一。最难得的是,几百年来它一直未曾更名。

▲ 砖塔胡同

砖塔胡同曾是京城娱乐中心之一,即所谓的"勾栏"之所,当时胡同里有十几家戏班,称得上是北京城最热闹的地方。义和团运动爆发时,砖塔胡同又成为进攻西什库教堂的义和团总部。当八国联军攻陷北京之后,砖塔胡同受到了很大破坏,戏班纷纷逃离,胡同也从昔日辉煌的娱乐中心渐渐变成了居民区,归于宁静。到了近代,有若干名人曾在这里居住。如鲁迅,当年从八道湾搬家后就居住在这里,写出了《祝福》《在酒楼上》等作品。"鸳鸯蝴蝶派"作家张恨水也是在这里走完了他的人生旅程。行走在砖塔胡同,不仅可以体会其悠久的历史,还能欣赏到丰富的人文遗迹,不失为一件美事。

万松老人塔

万松老人塔是北京作为文化古城的早期建筑之一,也是北京城区仅存的一座密檐式砖塔。现为北京市文物保护单位。万松老人是金元之际的高僧,耶律楚材的师傅。他精通佛法、儒学,故深受金章宗器重,赐居燕京西郊的栖隐寺,直至81岁圆寂。此塔即为后人纪念他而修建的墓塔。原塔为八角七级密檐式砖塔,清乾隆年间将旧塔包裹并加高至九级。现塔高约16米,为八角九级密檐式,古朴典雅,玲珑精致。

▲ 万松老人塔

| 多|视|角|下|的|北|京|胡|同 |

羊肉胡同

精彩视频

　　羊肉胡同东起西四南大街，西至太平桥大街，是一条元代就已存在的老胡同。置身在这条4米宽的街道上，路两旁的大槐树形成了一把把天然的遮阳伞。与大都市马路车水马龙不同的是，这里车少人稀，丝毫没有大街上的喧嚣之气，反而透露出一种都市中难得的宁静、清爽。古朴的四合院、老槐树以及在这里生活了几十年的老北京居民无一不透着浓浓的京味风情。

　　不要小看这条外观不起眼的小胡同，它可是价值连城的高档珠宝聚集地。珍珠、翡翠、白玉、水晶、祖母绿、红蓝宝石等高档珠宝，散落在羊肉胡同的十几平方米到五六十平方米的小店，这里便成为人们"淘金"的乐土。近百家珠宝店铺使这条街成为名副其实的北京珠宝一条街。

▲ 羊肉胡同

中国地质博物馆

　　中国地质博物馆，创建于1916年，是我国成立最早、目前亚洲规模最大的国家级地质学博物馆，在中外博物馆界久负盛名。中国地质博物馆以其历史悠久、典藏量大、珍品率高、陈列精美、科研成果丰硕而闻名于世，这里不仅具备典藏、科学研究、社会教育三大传统功能，而且富有时代特色，融科普、教学、学术交流、观赏、休闲于一体，其社会影响日益广泛。

在这里有世界上最高的恐龙化石——巨型山东龙,以及在北京周口店发掘出土的石器、石珠、骨针等珍贵文物。这里的"宝石厅"和"史前生物厅"所展示的宝石世界、化石天地等都让人惊叹不已。

中国地质博物馆中所陈列的相关展品都是地质时期的珍贵遗存,其中不得不看的当数恐龙化石。除此之外,馆内的宝石厅是

▲ 中国地质博物馆

一个汇集着奇珍异宝的殿堂,它不仅能让我们领略到金刚石、猫眼石、祖母绿和阗玉等宝石的风采,而且还为我们揭示出了宝石的迷人所在——光学效应。

▲ 中国地质博物馆展品:萤石(福建云霄)

▲ 中国地质博物馆展品:岫玉雕件(辽宁岫岩)

| 多 | 视 | 角 | 下 | 的 | 北 | 京 | 胡 | 同 |

阜成门内大街

阜成门内大街因位于阜成门内，因而得名，其东起西四南大街，西至阜成门立交桥。这条老街道上古迹甚多，东段有广济寺，中段有历代帝王庙，西段有白塔寺。

白塔寺

北京妙应寺，俗称白塔寺，位于西城区阜成门内大街，始建于元代，原名"大圣寿万安寺"，因寺内有中国现存年代最早、规模最大的喇嘛塔，且通体涂以白垩，故俗称"白塔寺"。妙应寺由寺院和塔两部分组成，中轴线上由南到北依次排列山门、钟鼓楼、天王殿、三世佛殿、七世佛殿

▲ 白塔寺山门

▲ 白塔寺白塔

▲ 白塔寺大觉宝殿（意珠心境殿）

和塔院。妙应寺白塔总高 51 米，为砖石结构，塔基高出地面二米，面积为 1 422 平方米。塔座面积为 810 平方米，叠高 9 米，造型优美，富于变化。1978 年，北京市政府在对白塔进行维修加固的施工过程中，发现了清代乾隆十八年（1753）存留在高塔顶部的大藏经、木雕观世音像、赤金舍利长寿佛等文物，具有重要价值。

塔身四周装饰了 108 个铁灯笼，夜间会点亮，十分好看。妙应寺在每年 10 月 25 日有转塔的习俗，喇嘛们绕白塔一周，诵经奏乐，善男信女虔诚地绕塔祈福。

历代帝王庙

历代帝王庙的大殿很气派，里面供奉着中国历代帝王的牌位，一个朝代的所有皇帝放在一个类似于佛龛的空间里。左右配殿里有中国简史和历代帝王庙修建历史的展览。大殿后面的院子里还有个殿堂，循环播放介绍历代帝王庙的纪录片。最有意思的是，东边有一个关于"百家姓"的展览，可以了解自己姓氏的起源，还能找到本姓氏的最初发源地。

▲ 历代帝王庙大门

▲ 历代帝王庙景德崇圣殿

广济寺

广济寺位于西城区阜成门内大街25号,始建于宋朝末年,名西刘村寺。明天顺初年重建,成化二年(1466)宪宗皇帝下诏命名为"弘慈广济寺"。1931年寺院失火被焚毁,1935年重建。

其建筑格局保持明代式样,坐北朝南,中轴线上依次为山门、钟鼓楼、天王殿、大雄殿、观音殿、藏经阁等建筑。两侧还有持梵律殿、戒台、净业堂、云水堂、法器库和延寿堂等。寺内珍藏许多珍贵文物,如明代三世佛及十八罗汉造像、康熙时建的汉白玉戒台、乾隆年间的青铜宝鼎等。

▲ 广济寺大雄殿

▲ 广济寺圆通殿

鲁迅故居(鲁迅博物馆)

北京鲁迅故居,位于西城区阜成门内宫门口二条19号,中国伟大的文学家、思想家、革命家、教育家鲁迅在1924—1926年间居住于此。鲁迅故居是一所普通的小四合院,由鲁迅亲手设计改建,无论建筑风格或是空间陈设都比较简朴。在这里,鲁迅完成了《华盖集》《华盖集续编》《野草》三本文集和《彷徨》《朝花夕拾》《坟》中的一部分

▲ 北京鲁迅博物馆(北京鲁迅故居)鲁迅卧室兼工作室

| 西四片区 |

文章。鲁迅离开北京后,他的母亲和他的妻子朱安女士一直生活在这里,直至她们相继去世。朱安去世后,小院无人照顾。为了让鲁迅的手稿和藏书不受到损害,鲁迅的生前好友通过法院的渠道,以"接管"为名,把鲁迅故居"封存"起来,才使得它完整地保存了下来。

▲ 北京鲁迅博物馆(北京鲁迅故居)大门

北京鲁迅故居是北京鲁迅博物馆的一个组成部分,由于是鲁迅亲手设计改建,因此带有浓郁的南方特色。故居中许多植物都是鲁迅亲手栽种,置身院中,可以真切地感受到鲁迅作为一个文字战士的崇高气节。

▲ 北京鲁迅博物馆(北京鲁迅故居)鲁迅雕像

223

| 多 | 视 | 角 | 下 | 的 | 北 | 京 | 胡 | 同 |

西四北三条

在西四几条并排的胡同中，西四北三条无疑最为出名，也最为经典。其东起西四北大街，西至赵登禹路，全长 527 米，宽 5 米，与小绒线胡同相交。明代称箔子胡同，清代称雹子胡同、报子胡同，1965 年后改作西四北三条。有趣的是，这条胡同的公交站名仍叫作"报子胡同"，一直沿用至今。

西四北三条历史悠久，拥有丰富的名人古迹。其胡同东首北侧 3 号院是明代所建的隆长寺，21 号是鲁迅在京继绍兴会馆、八道湾、砖塔胡同后的第四处居所，39 号则是著名京剧表演艺术家程砚秋的故居。此外，胡同的 11 号和 19 号院也是精品四合院，因保存较好，这两个院落都被列为北京市文物保护单位。

▲ 西四北三条

程砚秋故居

这是著名京剧表演艺术家程砚秋先生的故居，从 1937 年起直到逝世前他一直居住于此。1987 年，此处被划定为保护范围及建设控制地带。故居占地面积约 390 平方米，共两进院落。大门南向，门两侧各有一个方形门墩。步入大门，迎面便有一面影壁。前院有北房 4 间，用作会客厅和书房，名"御霜书斋"。后院有北房 3 间，其中东里间为程氏夫妇卧室，室内陈设基本保持原状。此外，还有东西厢房各 3 间，周围有抄手廊相接。现在故居仍保持原来的建筑格局，程砚秋生前用的戏装、剧本、图书和生活用品均保存完好。

▲ 程砚秋故居旧址

| 西四片区 |

东冠英胡同

精彩音频

▲ 东冠英胡同

东冠英胡同，位于西城区中北部。东起赵登禹路，西至南草场街。明代称观音寺胡同，以寺得名。清代称观音寺，亦称东观音寺胡同，以寺得名。1965年谐音改称东冠英胡同。

东冠英胡同以正源清真寺和末代皇帝溥仪故居最为有名。

正源清真寺

位于西城区东冠英西区40号，是一座伊斯兰教清真寺。其原名"北沟沿清真寺""赵登禹路清真寺"。原址在西城区赵登禹路37号、39号。

正源清真寺始建于清朝道光年间，原寺规模较小，有礼拜殿、阿訇室、沐浴室等建筑。1978年后，落实了宗教房产政策，占用单位腾退了部分房屋。该寺于1986年

▲ 正源清真寺

6月修缮，重新开放为宗教活动场所。

末代皇帝溥仪故居

1959年12月4日溥仪被特赦。1962年6月1日和夫人李淑贤搬入西直门内东观音寺甲22号（今东冠英胡同40号）。该处坐南朝北。院门口是两扇朱漆大门。院内有北房5间及左右耳房各1间，北房正中一间是客厅，东边两间为卧室和卫生间。东厢房一间是厨房。南房一间是厕所。溥仪在这里一直居住到1967年10月17日病逝。如今，溥仪故居绝大部分已被拆毁，仅留下当年的一棵松树。

▲ 溥仪故居仅剩下的松树

"末代皇帝"的最后人生

1959年12月9日，阔别北京35载的"末代皇帝"溥仪回到了他久违的故土，在西城区赵登禹路东冠英胡同40号这座普通的院落里度过了最后的人生。

出生在醇亲王府的溥仪是道光帝的曾孙，光绪皇帝胞弟载沣的长子。1908年的一个夜晚，醇亲王府突然燃起明灯。仍在睡梦中的溥仪被家人慌乱地穿上龙袍，睡眼惺忪地抱往皇宫，就在第二天做了皇帝，即位时年仅3岁。

这位九五之尊的大清末代皇帝没有像他的祖先那样享受到皇帝应有的生活，而是在惶恐、监视、逃亡、囚禁中度过了自己的前半生。溥仪在位仅三年，就被迫退位；作为逊帝时又成为袁世凯手中的棋子；张勋复辟后，重登皇位仅12天就又被迫退位，过着躲避逃亡的生活；后在日本的支持下成为伪满洲国的皇帝，处处受到日本人的严加控制；"二战"中，被定为战犯，在苏联过了5年的监禁生活；回国后，继续在监狱中接受教育和改造。这就是一个末代皇帝的前半生。

特赦后的溥仪回到北京，开始了他心中向往的普通公民的生活。在新中国，溥仪过着平常百姓的生活。而就是东冠英胡同40号这座小院，见证了这位"非常公民"的后半生。在这里，溥仪结婚、上下班、接待客人、与邻里谈论家常、与妻子共同生活。

溥仪出生的淳王府还在，登基的皇宫还在，但是这座溥仪度过幸福后半生的院落我们已无从得见。

▲ 溥仪"宣统之宝"玺印

▲ 3岁溥仪

▲ 溥仪做针线活场景

▲ 溥仪的囚服

西单片区

西单周边的胡同充满着历史的韵味。另外,这里也主打青春时尚元素,吸引着较多北京本地的年轻人前往休闲、购物,有"年轻人的购物天堂"之美誉。

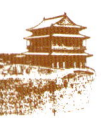

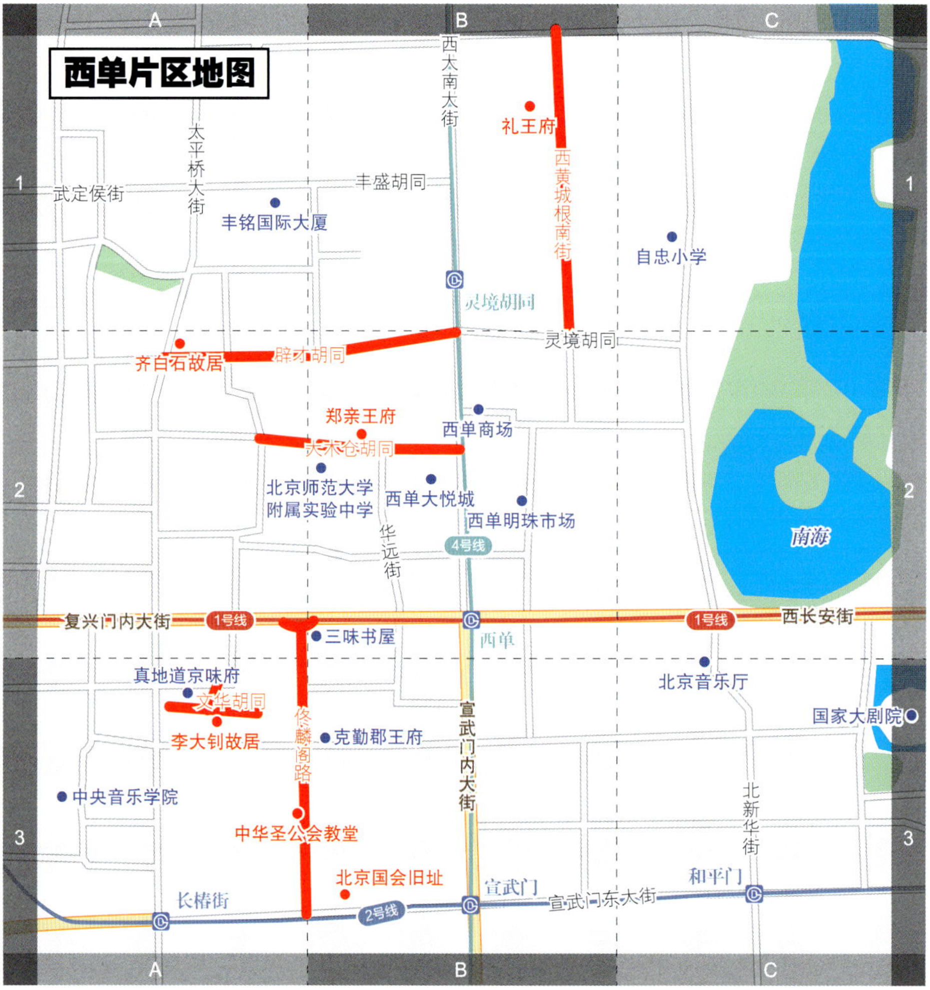
西单片区地图
A
B
C
1
2
3
西太南太街
礼王府
西黄城根南街
太平桥大街
武定侯街
丰盛胡同
丰铭国际大厦
自忠小学
灵境胡同
灵境胡同
齐白石故居
辟才胡同
郑亲王府
西单商场
大木仓胡同
北京师范大学附属实验中学
西单大悦城
西单明珠市场
华远街
4号线
南海
复兴门内大街
1号线
西长安街
三味书屋
西单
真地道京味府
北京音乐厅
文华胡同
国家大剧院
李大钊故居
佟麟阁路
克勤郡王府
宣武门内大街
中央音乐学院
北新华街
中华圣公会教堂
北京国会旧址
长椿街
宣武门
宣武门东大街
和平门
2号线

李大钊故居

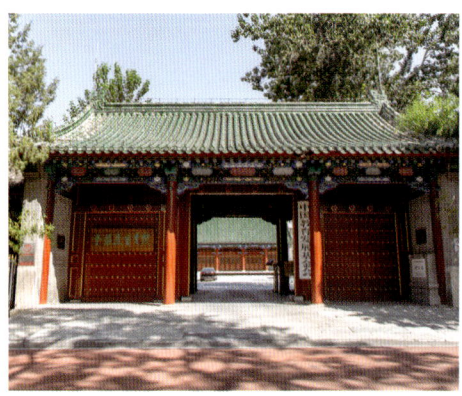

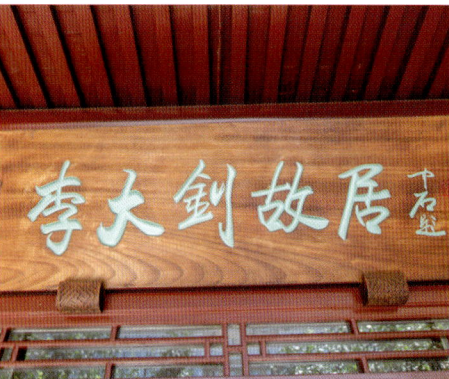

| 西单片区 |

辟才胡同

精彩音频

从北京西单商场往北走不远，就会看到一条东西走向的宽约40多米的街道。这条大街从西单北大街一直向西延伸到太平桥大街。未扩建前它只是一条4米多宽的小胡同———辟才胡同。在辟才胡同之前，它还有一个名字，叫劈柴胡同。1905年5月16日，天津人臧佑宸在这一带开办了一所学校，才正式将劈柴胡同改为辟才胡同。

这里比较有名的景点就是齐白石故居。

▲ 辟才胡同

齐白石故居

齐白石故居在西城区辟才胡同内跨车胡同13号。坐西朝东，是一座三合院带跨院的住宅。齐白石自50岁后直至逝世前一直居住于此。3间北房是当年的"白石画屋"，因屋前安有铁栅栏，又称铁栅屋。北房檐下悬挂有齐白石篆刻的长3.3米、高0.84米的篆体"白石画屋"横匾。大字尚依稀可见。

故居面积600余平方米，门向东开，是一座有东、西、北屋的院落。1937年"七·七"事变发生后，靠卖画为生的齐白石，在这里闭门谢客，拒绝日伪大小头目的索画，也不卖画，表现了崇高的民族气节。

故居现为北京市重点文物保护单位。

▲ 齐白石故居

多 视 角 下 的 北 京 胡 同

大木仓胡同

精彩视频

　　大木仓胡同，最早叫打磨厂，明代资本主义萌芽时期，工厂作坊曾经遍及京城各地，因而留下许多以"厂"命名的胡同。后来，打磨厂逐渐被叫成了大木厂、大木仓。

　　大木仓胡同东起西单北大街，折四五个弯一路向西，与二龙路相连，北面与辟才胡同平行，南面与之相邻的有皮库胡同。

　　在明代，这里曾是朱棣心腹谋士姚广孝的府

▲ 大木仓胡同

第；在清代，这里又成为郑亲王济尔哈朗的王府；民国时期，孙中山曾在这里建立中国大学。如今35号院子里"逸仙堂"的牌匾和院外大门前的铸铁路灯，即是当年留下的遗迹。

郑亲王府

　　郑亲王府位于西城区大木仓胡同。明永乐中为姚广孝赐第。清师进关后，世祖以此第赐其从叔郑亲王济尔哈朗。王府建成后，历代袭王均有所修缮和扩建。

　　郑王府坐北朝南，原布局自东而西分3部，东部前驱突出，是王府主要殿宇所在；中、西部因随街势退缩，中为另一院落和西部花园范围。该处最为著名的是其花园，园名"惠园"，是京师王邸花园中的最佳者。

▲ 郑王府大门

▲ 郑王府内部建筑

| 西单片区 |

西黄城根南街

▲ 西黄城根南街

西黄城根南街，位于北京市西城区东部。其南起灵境胡同，与罗家胡同连接，北到西安门大街，与西黄城根北街连接。因位于北京皇城西墙外侧，故明朝称"皇城西大街"，清朝称"皇城西城根"，俗称"西皇城根"。中华民国初年，皇城城墙陆续拆除，为表示反对封建皇权，将"皇"字改为"黄"字，1965年定名为"西黄城根南街"。

在西黄城根南街路西，有一片南起大酱坊胡同，北到颁赏胡同的古建筑群，是清朝的礼亲王府。

礼王府

礼王府因其非凡的气势被称为"北京诸王府之首"。礼王共传十三代，被称为"清代第一王"。礼王府自然也就成为"诸王府之首"。礼王府的第一位主人是清太祖努尔哈赤第二子代善。礼王府经后继各代礼亲王重修扩建，规模逐渐扩大。但是它的神秘与威严随着清王朝的覆灭而消失。1927年，礼王府成为了国民政府的华北大学的校园。新中国成立后，"陕北公学"（即后来的中国人民大学）进驻礼王府。现如今，完成了学校校园历史使命后的礼王府成为了政府机关的办公场所。

虽然风光已不再，但它所代表的一个家族的历史却不会改变，"京城诸王府之首"的地位也永远不会改变、消失。

▲ 礼王府标识

▲ 礼王府大门

| 多 | 视 | 角 | 下 | 的 | 北 | 京 | 胡 | 同 |

文华胡同

精彩视频

文华胡同位于西城区南部，东西走向，东起佟麟阁路，西至闹市口大街，全长 454 米。明朝时属阜财坊。据《明史》记载，明宣宗的二女儿顺德公主下嫁的石驸马宅邸就在这一带。后来，人们就将驸马宅邸的大街叫作石驸马大街。清朝属镶蓝旗，乾隆年间称后闸；宣统年间因离石附马大街比较近，称石驸马后宅，又称后宅胡同。1965 年整顿地名，为了纪念李大钊，改为文华胡同。

▲ 文华胡同

▲ 李大钊故居北房

李大钊故居

李大钊故居，位于北京市西城区文华胡同 24 号。李大钊，河北乐亭县人，为中国共产党创始人之一。他生前在北京曾居住过 5 处地方，而西城区石驸马后宅 26 号是其 1920—1922 年时的居住之所，也是居住时间最长的一处。现为新文化街文华胡同 24 号。

该院为三合院。正房 3 间，东间是卧室，中间是餐室，西间为子女读书处。东西耳房各两间，东西厢房各 3 间。西厢房 3 间作书房和会客厅。东厢房 3 间为亲朋好友等人居住。院内植有 3 棵海棠树，院子南面是花畦和盆花，李大钊曾亲自栽培花木。在此居住期间，李大钊和邓中夏、陈独秀等秘密发起成立了"马克思学说研究会"。

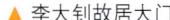

▲ 李大钊故居大门　　▲ 李大钊雕像

| 西单片区

佟麟阁路

佟麟阁路位于西城区中南部，原名南沟沿大街，1945年为纪念抗日将领佟麟阁改为现名。佟麟阁路是一条南北走向的胡同，北起复兴门内大街南，南至宣武门西大街，全长1500米左右。

佟麟阁路著名的景点有中华圣公会教堂、北京国会旧址。

▲ 佟麟阁路

▲ 中华圣公会教堂

中华圣公会教堂

佟麟阁路西有一座非常精美的教堂，即中华圣公会教堂，这是中华圣公会在北京地区建立的第一座教堂，也是北京现存最完整的一座。

教堂建筑别具特色，在西洋建筑中融合了中国古典建筑的"宫殿式"，可谓中西合璧。整个教堂从外形到内部均为中国传统风格，是中国近代民族形式建筑的早期代表之作。

| 多 | 视 | 角 | 下 | 的 | 北 | 京 | 胡 | 同 |

北京国会旧址

北京国会旧址位于西城区佟麟阁路62号的新华通讯社院内，1913年建成，是中华民国初年国会开会和办公的场所。现存建筑有国会议场、仁义楼、礼智楼（后二者用作宪法起草委员会议场）。

国会议场平面呈正方形，高3层。穿过门厅即

▲ 北京国会旧址（新华通讯社）

为会议大厅，建筑极简陋，全部用手工灰砖砌造；国会议场议会大厅北侧为"圆楼"，因楼内会议厅平面呈椭圆形而得名。

如果到此参观，找到新华通讯社，进了大院门，就很容易找到此处了。

▲ 北京新华社新闻大厦

天安门广场片区

　　东交民巷和西交民巷是这一地区两条长长的巷子,它们承载的历史文化几乎构成了北京乃至中国近代史的重要组成部分。如果想研究中国的近代外交和金融史,那么这个片区绝对不容错过。

| 多 | 视 | 角 | 下 | 的 | 北 | 京 | 胡 | 同 |

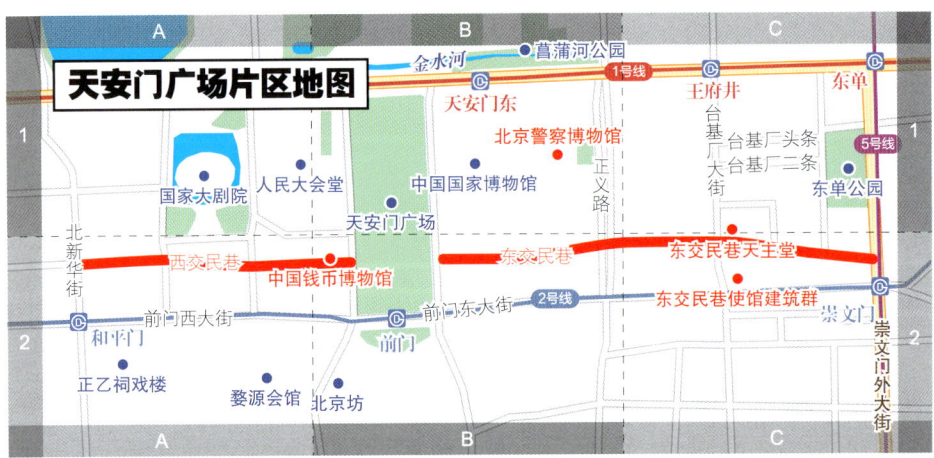

| 天安门广场片区 |

东交民巷

精彩音频

和其他有着浓郁京味的老北京胡同不一样，东交民巷是一条洋味十足的胡同。这里近代西洋建筑林立，建筑风格各异，错落有致，绿树如荫。现有著名的美国使馆旧址、日本使馆旧址、六国饭店旧址、法国使馆旧址、花旗银行旧址、圣米（弥）厄尔教堂、法国邮政局旧址等建筑。

▲ 东交民巷

可以说，这条胡同浓缩了1860年至1949年近一个世纪的中国近代历史。在清代时，东交民巷的两侧兴建了多处供外国使臣临时居住的"迎宾馆"。鸦片战争后，东交民巷周边又相继建立了英、俄、德、法等诸国的使馆。八国联军入侵时，东交民巷又遭到了列强的残酷洗劫。随后，《辛丑条约》便将东交民巷地区定为"使馆界"，并改名为"使馆街"，还在四周筑起了高约6米的围墙。新中国成立后宣布将北京

▲ 法国邮政局旧址

多视角下的北京胡同

▲ 东交民巷美国领事馆工作人员观看中国人民解放军入北平城

▲ 北平人民欢迎解放军入城——炮兵部队通过东交民巷

◀ 中国人民解放军入北平城部队进入东交民巷

市内各帝国主义兵营的占领地全部收回并将其建筑全部征用。至此，东交民巷历经半个世纪的屈辱才宣告结束。这些历经变迁沉浮的西洋建筑，承载着旧中国的那段沉重的历史，留给后人的是不能忘却的记忆。

▲ 圣米（弥）厄尔教堂

东交民巷天主堂

东交民巷天主堂，又称圣米（弥）厄尔教堂，始建于1901年，现为国家级文物保护单位。相传，这是传教士在中国修建的最后一座教堂。教堂为典型的哥特式建筑，清水砖墙，小巧而又精致，非常漂亮，保存相对完好。院子不大，但这里的树木参天耸立，很有欧洲风情。

| 天安门广场片区 |

东交民巷使馆建筑群

位于北京市东城区的东交民巷，形成于 1901 年至 1912 年，是一个集使馆、教堂、银行、官邸、俱乐部于一体的欧式风格街区。

现存建筑有法国使馆、奥匈使馆、比利时使馆、日本公使馆和意大利使馆、英国使馆、正金银行、花旗银行、东方汇理银行、俄华银行和国际俱乐部及法国兵营等旧址。东交民巷使馆建筑群，是北京仅存的 20 世纪初的西洋风格建筑群，也是帝国主义侵略中国的实物遗存和爱国主义的教育基地。

▲ 日本公使馆旧址　　▲ 法国使馆旧址

北京警察博物馆

北京警察博物馆的房子曾经是花旗银行的办公地，很僻静，是一座 4 层西洋式古典建筑。里面展出了从明代的锦衣卫到今天的警察发展演变的过程和相关的装备。馆内展示以实物为主，兼有图片、文字、模型等，采取编年史与重大专题相结合的展陈方式，分北京公安史、刑事侦查、警种职能、警械装备 4 个展厅。介绍得非常全面，是你全面了解警察的工作和历史演变的好机会。

▲ 北京警察博物馆

239

多|视|角|下|的|北|京|胡|同

西交民巷

精彩视频

说到北京的金融街，人们就会想到阜成门内、西二环边等密集的金融中心。殊不知，百十年前，北京还有一条闻名遐迩的金融街，那就是西交民巷。过去这里曾经开过几十家银行，由于挨着东交民巷，靠近使馆区，所以很多银行都选址于此。这条小巷也就成为当年中国的一条"金融街"。

西交民巷东起天安门广场，西至北新华街，全长1080米，宽10米。1905年，清政府在西交民巷成立了"户部银行"，后更名为大清银行，

▲ 西交民巷

是中国历史上最早的中央银行。此外，这里当时还有大名鼎鼎的大陆银行、保商银行、中央银行等中国人自己办的银行。如今，北京市人民政府已将大陆银行、北洋保商银行、中央银行三座大楼旧址确定为文物保护单位。这条街上的很多建筑依然保存完好，游走其中，可体会曾经的金融战的硝烟。

中国钱币博物馆

▲ 中国钱币博物馆

中国钱币博物馆，成立于1992年，位于西城区西交民巷17号院，是一个以各类钱币和纪念币为主题、隶属于中国人民银行总行的国家级钱币专业博物馆。其建筑本身就是一处历史古迹，为原北洋保商银行的旧址，为国家文物保护建筑，是中国近代金融业发展的实物见证。

博物馆一共3层，分为临时展、古代钱币展和近代钱币展，收藏有古今中外钱币及与钱币有关的其他文物30余万件。对钱币有一定了解和兴趣的朋友，来到这儿一定会感到不虚此行。

前门片区

这里有大栅栏、鲜鱼口、珠市口等老北京纵横交错的胡同;这里有丰富多彩、趣味横生的市井文化;这里是老北京著名的商业中心、贸易集散地……

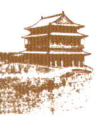

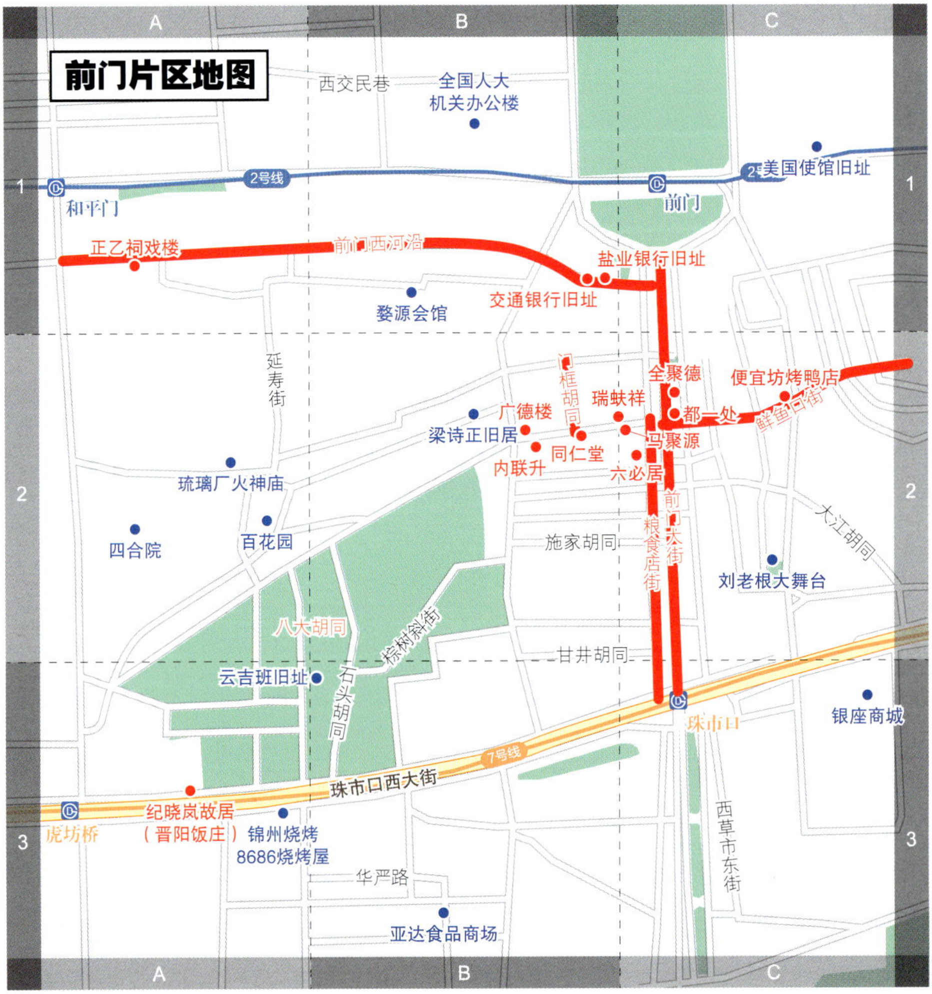

前门片区地图
A
B
C
1
2
3
西交民巷
全国人大机关办公楼
美国使馆旧址
2号线
和平门
前门
正乙祠戏楼
前门西河沿
盐业银行旧址
交通银行旧址
婺源会馆
延寿街
门框胡同
全聚德
便宜坊烤鸭店
瑞蚨祥
广德楼
都一处
鲜鱼口街
梁诗正旧居
马聚源
同仁堂
内联升
六必居
琉璃厂火神庙
前门大街
粮食店街
大江胡同
四合院
百花园
施家胡同
刘老根大舞台
八大胡同
棕树斜街
甘井胡同
云吉班旧址
石头胡同
珠市口
银座商城
7号线
珠市口西大街
纪晓岚故居（晋阳饭庄）
锦州烧烤
8686烧烤屋
虎坊桥
西草市东街
华严路
亚达食品商场

步瀛齋

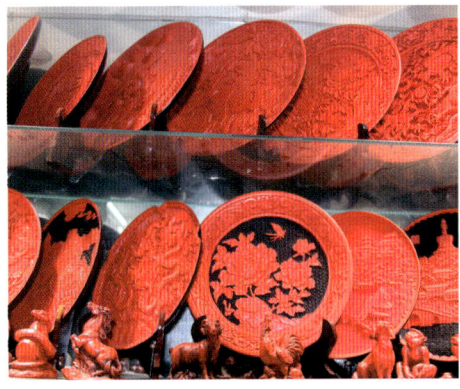

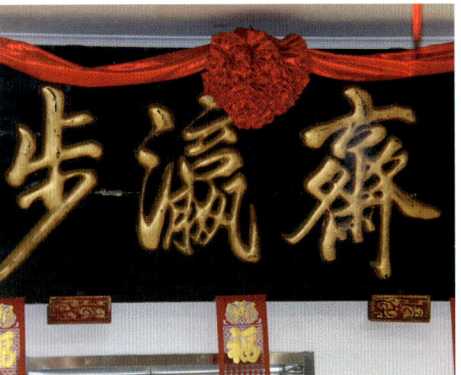

| 前门片区 |

大栅栏

精彩音频

　　大栅栏，北京话读作"大石烂儿"，位于天安门广场以南、前门大街西侧，从东口至西口全长275米，是北京一条著名的商业街。现在，它也泛指大栅栏街及廊房头条、粮食店街、煤市街在内的一个地片。大栅栏地处古老北京中心地段，是南中轴线的一个重要组成部分。它始建于明弘治元年（1488），当时明孝宗下令在北京城内大街曲巷设立栅栏，并派士兵把守，以防盗贼。到了清代，这里已成为主要的商业中心，因为买卖多，为了能够有效地防止盗贼，栅栏建得比其他地方都大，也都好看，所以才叫"大栅栏"。大栅栏是北京最古老、最著名且又别具一格的古老街市和繁华的商业闹市，这里保存着大量原汁原味的古老建筑，除了久负盛名的老字号，诸多外来的风味饮食也各据一方，形成了新型的饮食文化特色。

　　如今，大栅栏经过500多年的历史沿革，逐渐发展成为店铺林立的商业街，沿街分布着11个行业的36家商店，一些著名的老字号相继开设于此，吸引着大量中外消费者和旅游者。

▲ 大栅栏商业文化老街

▲ 大栅栏吹糖人绝活

▲ 大栅栏祥义号

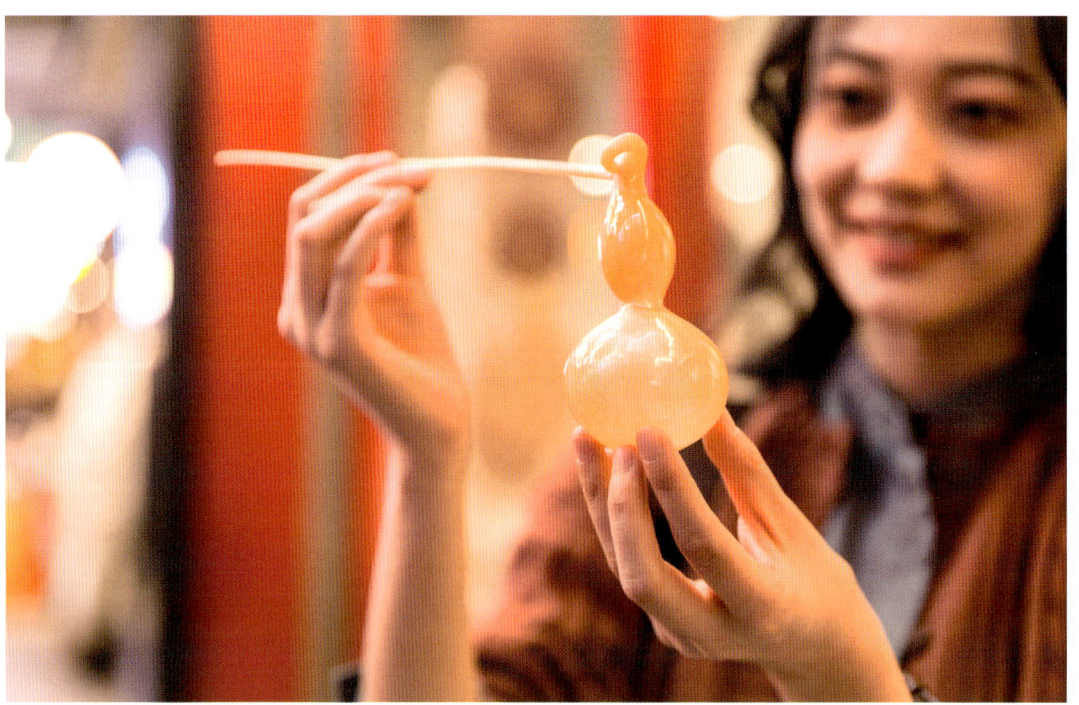
▲ 正在吹糖人的美女

| 前门片区 |

历史红尘：大栅栏名字的来历

大栅栏原名叫廊房四条，是一条胡同，因为这条胡同的栅栏制作出色，保留长久，而且又大一些，逐渐为京城所瞩目。所以，大栅栏就被当作这条胡同的名称了。

大栅栏的由来，要追溯到明孝宗弘治元年（1488）。当时，北京实行"宵禁"，为了防止盗贼隐藏在大街小巷之内，朝廷批准在北京的很多街巷道口建立了木栅栏。其实，大栅栏在历史上曾经就是一个繁华的商业区。它兴起于元代，建立于明代，从清代开始繁盛起来。据清代《钦定令典事例》记载，雍正七年（1729）批准的外城栅栏有440座，乾隆十八年（1753）批准的内城栅栏有1919座，皇城内栅栏有196座。

▲ 大栅栏商业街路口

明代时，栅栏由所在地点居民出资修建，并派士兵把守，以防盗贼。其中，廊房四条的栅栏由商贾出资，格外大，因而被称为"大栅栏"。久而久之，大栅栏就取代廊房四条成为这条街道的正式名称。到清代，这里已成为主要的商业中心。当时由于买卖多，生意兴隆，为了能够有效地防止盗贼，栅栏建得比其他地方都大，也都好看。

在明张爵著的《京师五城坊巷胡同集》中，并未收入"大栅栏"这个地名，而收入了在前门外路西的廊房头条、廊房二条、廊房三条和廊房四条。其中，所谓的"廊房"指的就是用于临街经营的店面房，而廊房四条就位于现在大栅栏的位置。由此可见，在明朝还没有"大栅栏"这个地名，但大栅栏所在的位置已经是一处商贾云集的繁华商业区了。

光绪二十六年（1900），爆发了义和团运动。义和团团民曾一把火将大栅栏整条街付之一炬，木质栅栏也毁于一旦。由此大栅栏只存其名。后来，大栅栏又重建，繁华如初。最后一次复原是以民国初期的风貌为基础的。2000年，北京市政府又在大栅栏街口修建了铁艺栅栏，"栅栏"又回到了大栅栏。

▲ 北平大栅栏火车

| 多 | 视 | 角 | 下 | 的 | 北 | 京 | 胡 | 同 |

同仁堂

同仁堂是乐氏家族"祖遗共有"世代经营的药店。300多年来，一直都是乐氏家族作为主要铺东和经营者，并且由乐氏传人掌握同仁堂最为关键的制药技术。

据《乐氏宗谱》记载，乐氏祖籍浙江宁波。乐氏第二十六世乐良才在明永乐皇帝朱棣迁都北京之际，来到北京，成为乐氏在京的始祖。乐良才原是一位走街串巷行医卖药的铃医，来京后依然从事铃医之职，并且其子孙后代也一直继承着其铃医的衣

▲ 同仁堂牌匾

钵。直到清朝初期，乐氏家族第四世乐显扬进入宫廷成为了太医院吏目，才就此结束了祖传的铃医生涯。

乐显扬于清康熙八年（1669）始创同仁堂药室，后其子乐凤鸣继承祖业，并在康熙四十一年（1702）在北京前门外大栅栏街开设了同仁堂药铺。乐凤鸣为同仁堂日后的发展奠定了厚实的基础，他在宫廷秘方、民间验方、祖传配方基础上总结前人制药经验，完成了《乐氏世代祖传丸散膏丹下料配方》一书，并且留下了"炮制虽繁必不敢省人工，品味虽贵必不敢减物力"的千古一诺，使得同仁堂声誉大振，并且得到皇室的垂青与信任。清雍正元年（1723），雍正皇帝钦定同仁堂供奉清宫御药房用药，独办官药，直到清朝灭亡，其间共经历了8代皇帝，历时188年之久。

▲ 北京同仁堂肇始之祖乐显扬画像

从清朝灭亡直到新中国成立前夕，由于时局动荡不安，战乱频仍，北京市场萧条，同仁堂日益陷入困境。新中国成立后，党和国家领导人对同仁堂的发展给予了大力的支持，使同仁堂得以日渐壮大。现在同仁堂已是大型医药国企集团。

北京同仁堂自创立以来，不仅名盛于当时，而且载誉三百多年来经久不衰，不仅是一个企业的奇迹，更加是中华中医药的奇迹。

▲ 清宫藏同仁堂药

内联升

内联升由天津人赵廷于清咸丰三年（1853）在北京创建，最初是专门制作朝靴的店铺。内联升的"内"指宫廷大内，"内联升"则寓意官运亨通，可见其服务针对的是上层人士。

袁世凯兵变时，北京城处在战乱之中，内联升在压力之下不得不开始将其目光转向平民。轿夫穿的洒鞋和百姓穿的布鞋取代朝靴成了内联升的主要产品。

▲ 毛泽东主席生前穿过的内联升的鞋

其制作的"千层底"布鞋一直沿用传统手工制作方式，选料考究，工艺要求高，制作工序多，具有舒适、透气、吸汗、养脚等优点，深受国内外游客的喜欢。

▲ 大栅栏内联升　　▲ 大栅栏内联升内手工制作布鞋示意图

"内联升"三个字的含义

"内联升"的"内"指大内宫廷，"联升"则意指穿上此店鞋的人可以官运亨通，甚至连升三级。那些在宫廷打滚的皇亲贵胄和渴望平步青云的官员很愿意买个好彩头，加上内联升的鞋子本来就质量上乘，所以，内联升便在京城有了很高的名气。

▲ 内联升牌匾

瑞蚨祥

北京瑞蚨祥绸布店是享誉海内外的中华老字号，为旧京城"八大祥"之首。

光绪十九年（1893），山东省济南府章邱县人孟洛川在当时京城最繁华的商业区大栅栏开设了北京瑞蚨祥绸布店。孟氏家族凭借其雄厚的经济实力与独到的商业经营头脑，迅速使瑞蚨祥在北京城打开

▲ 大栅栏瑞蚨祥

一片商业天地，其优质的面料与精湛的服装制作技术征服了京城的达官显贵。慈禧太后的寿服、袁世凯的"龙袍"都是出自瑞蚨祥。清末民国初年，瑞蚨祥在京城已拥有5个字号，成为

瑞蚨祥字号有何含义

清朝光绪十九年（1893），北京瑞蚨祥绸布店正式开业，后成为享誉海内外的中华老字号。

据说，店名瑞蚨祥中的"瑞"字，是瑞气的意思；"蚨"取的是青蚨还钱的寓意。在古代传说中，"蚨"是一种形似蝉的昆虫。晋代《搜神记》卷十三有记载，青蚨"生子必依草叶……取其子，母必飞回，不以远近……以母血涂钱八十一文，以子血涂钱八十一文，每市物或先用母钱或先用子钱，皆复飞归，轮转无已"。这故事是说钱用完了又能飞回的意思。"祥"字，一方面是吉祥之意，另一方面是因店东乃山东省旧军镇孟家，所开商店均是祥字号。所以，当年老板借"祥瑞"的吉祥寓意，寓示财源茂盛。

▲ 瑞蚨祥牌匾

京城最大的绸布店。

光绪二十六年（1900），瑞蚨祥毁于八国联军的洗劫，但不久就重新开业。民国年间，"八大祥"每况愈下。直到1949年新中国成立，百年老字号"瑞蚨祥"终于获得新生。毛泽东曾亲自批示："历史的名字要保存……瑞蚨祥一万年要保存。"

瑞蚨祥有着深厚的文化底蕴，不仅是一个简单的字号，还承载了中华民族优秀的传统服装风韵。

▲ 瑞蚨祥古代染布、织布场景

马聚源

清末的北京城，马聚源帽店是京城帽店之首。当时的老北京人都以能够拥有一顶马聚源的帽子而自豪。

其创始人马聚源出身于直隶马桥的一个农户之家。他14岁就到北京谋求生路，起初在一家成衣店做学徒，后又到一家帽子作坊工作。在这家帽子作坊，马聚源不仅学到了制作各种帽子的技艺，而且还学会了经营作坊之道。学成之后，他就在前门大街鲜鱼口摆了个

▲ 大栅栏马聚源

小帽子摊。他做的帽子样式精美，工艺上乘，价钱公道，所以销售很好。清嘉庆二十二年（1817），马聚源买下了一间小铺面后，开始自己营业。

▲ 马聚源官帽、瓜皮帽

由于摆帽摊时积攒了很多的人气，所以帽店生意很好，天天宾客盈门。一天，一位官员买走了一顶马聚源的帽子，并且非常喜欢，就推荐马聚源为朝廷做缨帽。于是，马聚源帽店开始了新的发展轨道，从一个普通的小帽店成为一个专为贵族官僚服务的官司帽店，名气剧增。

如今，百年老店马聚源帽店仍以其精湛的传统工艺发扬着制帽文化。

广德楼

广德楼戏园，位于前门外大街，是一座有着悠久而辉煌历史的戏园，兴建于清嘉庆元年（1796），是北京现存最古老的戏园之一。广德楼的名声由来已久，它是当时戏曲祖师爷、曲艺名人施展才艺、迅速走红的宝地。程长庚、余紫云、梅巧玲、余三胜、汪桂芬等京剧祖师爷以及后来的"喜连成""双庆社""斌庆社"等曲艺团体都曾先后在此长期献艺，是当时京城场地最火、人气最旺、艺术最佳的娱乐场馆。新中国成立以后，广德楼由戏园改成了专演曲艺的北京曲艺厅。今天的北京曲艺厅是经过重新装修过的，青砖金瓦，雕梁画栋，垂花门帘，古色古香，而且融入了全新的理念，是一座现代化演出场馆。

▲ 广德楼

张一元茶庄的由来

老北京人有一句顺口溜：吃点心找正明斋，买茶叶认张一元。那么，张一元茶庄有何特别之处呢？

张一元茶庄的创始人是张文卿，安徽歙县人，自幼就与茶叶打交道，17岁来到京城，在一家茶叶店做学徒，慢慢积累了经验和人脉。结束学徒生活后，张文卿在北京花市大街摆起了茶摊。光绪二十六年（1900），张文卿在花市大街盘下3间门面，开办了他的第一个茶庄，取名"张玉元茶庄"。没过几年，张玉元茶庄凭借其良好的质量与热情的服

▲ 大栅栏张一元茶庄

▲ 张一元牌匾

▲ 张一元茶具、茶叶、茶筒

务迅速打开了北京南城市场。光绪三十四年（1908），张文卿的第二个茶庄"张一元茶庄"在繁华的前门附近开业了。这家茶庄所在的位置紧挨着京城有名的红灯区八大胡同。张文卿为了占有这个利润丰厚的市场，便想了一个办法。他派茶庄的伙计给八大胡同青楼的管事和账房先生免费送上等的茶叶，通过他们打开了这个市场，并且迅速占有一席之地。据说，原来这一带非常有名的汪正大茶庄就因此而被张一元茶庄挤垮了。张文卿是个不满足于现状的人，不久，就在大栅栏开设他的第三家店"张一元文记茶庄"。这家茶庄倾注了张文卿太多的心血，所以到了民国年间不仅天天宾客盈门，而且还把买卖做到了北京城的大街小巷。

张文卿是一个极具商业智慧的人。1925年，他亲自到福建办了自己的茶场，种植优质的茶叶。而且，他还十分重视宣传的作用，开创了京城用高音喇叭播放歌曲招徕顾客的先河。

张一元茶庄就像它的名字的寓意一样，真正做到了："一元复始，万象更新。"

粮食店街

▲ 粮食店街

这是一条南北向的街巷，顾名思义"粮食店街"应该是粮食买卖的集中地，它与东边的"煤市街"遥相呼应。想必清朝时，这里都是老百姓日常的购物场所。由于靠近大栅栏街，粮食店街同样是热闹非凡。街的北头就是非常出名的六必居酱菜园，沿街南行西侧即是中和戏院，再向南走的话可以看到著名的"粮十旅馆"。在这条街上游走，可以看到很多老店铺和老建筑，很有老北京胡同的感觉，喜欢热闹的人不要错过。

六必居

六必居是京城专门从事生产、经营传统风味酱菜的一家老字号，始建于明朝中叶，由山西临汾人赵氏三兄弟创建。六必居的地理位置选择得很好，加之赵氏三兄弟都是很有商业头脑的人，所以，六必居生意兴隆，买卖越做越大。

▲ 粮食店街六必居

因为六必居所经营之物为柴、米、油、盐、酱、醋、茶这六样生活必需品，所以取名为"六必居"。它的酱菜制作工艺精湛、酱菜质量上乘、口味独特，在明清时期非常有名。"六必居"还从民间走入了皇宫，成为了皇宫的御膳用品，因此还赢得了"宫廷酱菜"的美誉。

▲ 六必居八宝酱菜

▲ 六必居酱黄瓜

六必居的店名有何含义

六必居，相传始于明嘉靖九年（1530），距今已有480多年的历史。它原是山西临汾人赵存仁、赵存义、赵存礼兄弟开办的小店铺。店内有金字大匾一副，据说是明朝大学士严嵩题写。六必居在历史上盛极一时，是北京著名的老字号。

▲ 六必居牌匾

俗话说：一日开门七件事，柴、米、油、盐、酱、醋、茶。因为赵氏兄弟开设的小店铺只卖除了茶之外的其余六件生活必需品，故名"六必居"。

另一种说法认为，"六必居"的含义是"黍稻必齐，曲蘖必实，湛之必洁，陶瓷必良，火候必得，水泉必香"。这句话表明了六必居的生产工艺理念：用料必须上等，下料必须如实，制作过程必须清洁，火候必须掌握适当，设备必须优良，泉水必须醇香。

1965年，历史学家邓拓通过研究原六必居酱园的大量房契与账本，得出了这样的结论：六必居的创建时间不是明嘉靖九年，而是大约在清朝康熙十八年（1679）到五十八年（1719）这段时间。因为雍正五年（1727）的账本上记载说，这家酱园的最早名字叫"源升号"，到乾隆六年（1741）账本上才第一次出现"六必居"的名字。由此来看，六必居似乎不是明朝时期出现的，所以它的匾额也不可能是严嵩题写的。

▲ 六必居酱辣椒

此外，还有一种说法认为，"六必"过去常被人解释为酿酒的六件事，因为它最初是家小酒店。但原六必居酱园经理贺永昌说，六必居本身不产酒，它是从崇文门外的八家酒店中趸来酒经过加工后制成"伏酒"和"蒸酒"，然后再售给顾客。所以，"六必"是酿酒六个要素的说法显然是不成立的。

多 视 角 下 的 北 京 胡 同

门框胡同

▲ 门框胡同百年卤煮火烧

门框胡同，是北京市西城区的一条小胡同，1949年前曾经以小吃闻名于世。其位于京城著名的大栅栏商业区，北起廊坊头条，南至大栅栏，全长百余米。

清光绪年间，经商的人们在胡同中间搭建了一座财神楼，神像架在石板之上，远远望去好像门框一样，由此得名"门框胡同"。后来佛楼毁了，只留下今天所见的石板门框。

今天的门框胡同颇不起眼，房屋低矮破旧，灰头土脸，但这里在从前却非常繁华："东四西单鼓楼前，王府井前门大栅栏，还有那小小门框胡同一线天。"

曾经的门框胡同汇聚了京城著名的小吃摊，如：卤煮火烧，复顺斋酱牛肉，年糕王，豌豆黄宛，油酥火烧刘，馅饼陆，爆肚杨，卖年糕、炒饼、汤圆的厨子杨……虽然这些贩卖小吃的小摊饭铺门脸不大，但几乎每家都有悠久的历史和丰富多彩的传说。

早年的大栅栏地区是京城的商业中心，也是一个娱乐中心，"广和""广德""三庆""中和""庆乐"等戏楼云集于此。许多戏曲文艺界的名流，如裘盛戎、尚小云、金少山、鲁迅、常宝坤等，是门框胡同小吃摊的常客。

1949年后，由于人民政府对门框胡同的老字号实行公私合营政策，很多传承了数代的老字号被收归国有，一些门脸或合并或关闭消失了。1985年，爆肚冯的后人在门框胡同重新开业，但总感觉少了昔日门框胡同的京腔京韵。

▲ 门框胡同

▲ 门框褡裢火烧店

| 前门片区 |

前门西河沿

前门西河沿是一条老街，自明朝到清中叶，这里都是有名的书肆一条街。清康熙时期，其比琉璃厂还要有人文气息。

前门西河沿比较有名的有：7号盐业银行、9号交通银行、劝业场北门等。另外，1922年夏天，沈从文曾来到北京，在西河沿的一家小客店住了下来，开始了一代文人的北漂创作生涯。

▲ 前门西河沿

正乙祠戏楼

正乙祠坐落在西城区前门西河沿220号，系清康熙年间在京的浙江银号商人集资在明代古寺基础上改造成的祠堂馆舍。因其供奉的正乙玄坛老祖（财神赵公明）在民间被尊称为正一元帅，所以祠堂取名"正乙祠"。

正乙祠因其一座纯木结构的古戏楼而闻名于世。这座有着三百多年历史的戏楼是北京唯一保留至今、基本完好的纯木质戏楼，被誉为"中国戏楼活化石"。

清朝时，每逢佳节吉日，浙江同乡都会在馆内大摆宴席，同时邀请戏班唱戏。因众多名家曾在此登台献艺，正乙祠戏楼名声大噪。京剧鼻祖程长庚、谭鑫培、梅巧玲、梅兰芳、余叔岩等老一辈京剧艺术家都曾在此演出。现代著名京剧艺术家梅葆玖、谭元寿等也曾莅临戏楼，触景生情，以极大的兴致登台演唱。

正乙祠戏楼曾5次大修，见证着戏剧逐步走向新的繁荣。

▲ 正乙祠戏楼

▲ 程长庚画像

交通银行旧址

交通银行旧址，位于西城区前门西河沿街9号，1937年建成，系著名建筑师杨廷宝的代表作。该建筑地下一层，地上四层。其立面装饰带有中国传统建筑中牌坊的特征，水刷石饰面花岗石贴面基座，顶部作斗拱琉璃檐，门窗加琉璃门罩、雀替。

▲ 交通银行旧址

1995年10月，交通银行旧址被列入北京市第五批市级文物保护单位名单。

盐业银行旧址

盐业银行旧址，位于西城区前门西河沿街7号，建成于20世纪30年代，为中国工程师沈理源设计。

盐业银行由北洋政府和民间共同出资开办，总部设在北京。该建筑占地面积约800平方米，为钢筋混凝土砖混结构，属西方建筑风格。其面阔7间，以红砖墙为主色调；两尽端用块石饰壁柱，柱头有雕饰；中间5间用二层高的爱奥尼柱式，上作檐壁、檐头，三层窗头用三角形山花装饰，最上端有花瓶栏杆式女儿墙。另外三面装饰较为简单，红墙局部用白色腰檐和白色窗套。门窗洞口较大，一层用弧形拱券，二、三层为方窗。

2018年11月，盐业银行旧址入选第三批中国"20世纪建筑遗产项目"名录。

▲ 盐业银行旧址

| 前门片区 |

前门大街

精彩视频

▲ 春节期间的前门大街夜景

　　前门大街位于京城中轴线上，北起前门月亮湾，南至天桥路口，与天桥南大街相连，全长845米，仅前门大街两侧，建筑面积就共计6.6万平方米，约容纳180家商户，是北京著名的商业街。明嘉靖二十九年（1550）建外城前，前门大街曾是皇帝出城赴天坛、山川坛的御路。外城建成后，它成为主要的南北街道。明、清至民国时，其称正阳门大街，1965年才正式定名为前门大街。这条街道历史悠久，造就了许多中华老字号。经修缮后，前门大街和与之毗邻的4条街及22条胡同共同构成了"中华老字号传统前门大街商业及旅游商品区""精品四合院体验区"等5大功能区，并以传统商业、历史文化的集聚为特色，体现着传统与时尚的交汇融合。

都一处

　　都一处烧卖馆，开业于清乾隆三年（1738），原是一处席棚小店，后于乾隆七年（1742）在前门大街盖了一间门面的小楼，经营煮小花生、玫瑰枣、马莲肉、晾肉等小菜。乾隆十七年（1752），因皇帝赐名，又送一虎头匾，从此名扬海内，生意兴隆。同治年间，店里又增添了烧卖，不仅皮薄馅满，而且味道极好。现在的都一处烧卖馆位于繁华的北京前门大街，主营各种烧卖、炸三角、马莲肉和山东风味炒菜。

▲ 前门大街都一处

▲ 都一处烧卖

"都一处"牌匾的来历

据说,"都一处"这块牌匾是到乾隆十七年(1752)才得来的。那一年,乾隆皇帝私访通州,回京路上走永定门刚好路过前门一带。这天是农历大年三十,天色已晚,各家商户纷纷关门歇业,赶回家过年去了。只有每日子时关门的王记酒铺仍亮着灯。乾隆皇帝一行三人就寻着亮光走进了这家王记酒铺。

王瑞福见这三位客人衣帽整洁、仪表不俗,猜测他们定是有身份的人,于是赶忙

▲ 都一处牌匾

将他们迎到楼上,摆出了店里的好酒好菜,并亲自伺候着。乾隆皇帝喝罢酒、尝罢菜,问起了这家酒店的名字。王瑞福称小店没有名字。这时,街上一阵鞭炮齐鸣,原来新春已到。想到京城百姓此刻都在家里吃上了团圆饭,只有这家酒店还在做生意,乾隆皇帝顿时生出几分感慨,便给小店赐了"都一处"的名字,意思是"京都只这一处"。

▲ 乾隆像

乾隆皇帝离开以后,王瑞福并未将这个"陌生人"的赐名当回事儿。谁知没过几天,几个太监送来了"都一处"的蝠头匾,并告诉王瑞福这是当朝乾隆皇帝御笔赏赐之匾。王瑞福连忙叩拜谢恩,将御赐的牌匾挂在了一进门最显眼的位置上。

此后,王记酒铺正式更名为"都一处"。这故事应该是一种民间的传说,但绝不可能是真事。据说,当年乾隆从酒店大门走到楼上的那段路还被王瑞福保护了起来,终年不去打扫。日积月累,这条小路被客人们带进来的泥土覆盖起来,形成了一道土埂,人称"土龙"。清《都门纪略·古迹》载:"土龙在柜前高一尺,长三丈,背如剑脊。"室内悬虎匾,柜前堆土龙,都一处就此打响了名号,来这里吃饭、参观的客人越来越多。清同治年间,烧卖逐渐成为都一处的当家菜。都一处的烧卖皮薄馅满,制作工艺十分精湛。今人有藏头诗曰:"都城老铺烧卖王,一块黄匾赐辉煌。处地临街多贵客,鲜香味美共来尝。"

全聚德

老北京人都知道这么一句话:"不到长城非好汉,不吃烤鸭真遗憾。"这句打油诗里的烤鸭就是被誉为"中华第一吃"的北京全聚德烤鸭。

全聚德创立于清同治三年(1864),创始人名叫杨全仁。清道光十四年(1834),河北冀县闹饥荒,年仅15岁的杨家寨人杨全仁迫于生计,离开家乡只身到京城闯荡,在前门外肉市街做起

▲ 全聚德牌匾

了生鸡鸭买卖。杨全仁每天摆摊都会路过一家名为"德聚全"的干果铺。这家铺子的招牌虽然醒目,但是生意却是每况愈下。到了同治三年(1864)濒临倒闭。45岁的杨全仁抓住这个机会,拿出在京城打拼30年的积蓄,盘下了这家店铺。

杨全仁盼望了30年,终于在京城有了自己的铺子,所以,对店铺的名字非常看重。于是,他按照老北京的习俗,请来一位风水先生。这位先生围着这个铺子打量了几圈,说道:"这是一块风水宝地,前程不可限量。不过,要想除掉以前那家铺子的晦气,就得把以前的名字倒过来。"杨全仁对"全聚德"这个名号非常满意,就请来对书法非常有造诣的秀才钱子龙,书得"全聚德"3个大字。杨全仁把这苍劲有力、浑厚醒目的3个大字制成金字匾额,挂于门楣之上。

杨全仁礼贤下士,重金聘请了专为宫廷做挂炉御膳烤鸭的孙姓老师傅,把宫廷烤鸭这一美味带到了民间。孙老师傅改良了烤鸭技术,使全聚德的烤鸭丰盈饱满、色呈枣红、皮脆肉嫩、鲜美酥香,比宫廷烤鸭更胜一筹。从此,"全聚德"名扬京城。

中华人民共和国成立后,"全聚德"成为与国酒"茅台"齐名的国宴必备品。周恩来总理曾27次光临全聚德宴请外宾,并亲自为"全聚德"3字作了注解:"全而不缺,聚而不散,仁德至上。"

▲ 全聚德内烤鸭美食

| 多 | 视 | 角 | 下 | 的 | 北 | 京 | 胡 | 同 |

鲜鱼口街

▲ 鲜鱼口街

鲜鱼口街成市于明朝正统年间，至今已有570多年历史；原名鲜鱼巷，属正东坊。清代始称鲜鱼口。曾汇聚了北京著名的老字号餐馆、零售店铺、戏园、浴池、茶楼和手工艺作坊等。现存的有大众剧场、天兴居炒肝店、兴华园浴池和祥聚公糕点铺等。1999年鲜鱼口地区被列为北京市历史文化保护街区之一。

便宜坊烤鸭店

便宜坊烤鸭店，是中华老字号企业，隶属于北京市哈德门饭店，创业于清咸丰五年（1855）。饭店现有各类技师62人，技术力量雄厚，保持了百年老店的传统风味。饭店面积3 000多平方米，拥有各式餐厅24个，可同时接待1 000人就餐，能承接不同规模的宴会、庆典。这里经营的"焖炉烤鸭"是北京烤鸭两大流派之一，皮酥肉嫩，口味鲜美。因其烤制过程鸭子不见明火，鸭膛内灌入特制老汤，形成外烤内煮之势，故而减少了明火烤制易产生致癌物的现象，有"绿色食品"之美称。

▲ 便宜坊烤鸭店

| 前门片区 |

八大胡同

精彩视频

老北京的胡同多如牛毛，但是八大胡同绝对是闻名中外。因为，它曾经是老北京闻名遐迩的"风月场"，是烟花柳巷的代名词。

"八大胡同"并不是一个胡同的名称，也不是八条胡同，而是大栅栏西边比较集中的几条胡同的代称。细细数来，"八大胡同"由西往东依次为：百顺胡同、胭脂胡同、韩家胡同、陕西巷、石头胡同、王广福斜街（现棕树斜街）、朱家胡同、李纱帽胡同（现小力胡同）。这里的"八"只是一个虚指。有人把这些

▲ 韩家胡同

胡同编成了一段顺口溜，叫作："陕西巷里觅温柔，店过穿心回石头。纱帽至今犹姓李，胭脂终古不知愁。皮条营有东西别，百顺名曾大小留。逛罢斜街王广福，韩家潭畔听歌喉。"

起初，八大胡同一带并不是"红灯区"，是为进京戏班提供住处的旅馆性质的地方。但是，戏班逐渐增多，一些唱旦角的漂亮男孩子就成为那些达官贵人养的"相公"，也就是男性娼妓。清朝中后期，八大胡同是北京城男性娼妓最为集中的地方。

清朝末年，原位于内城的妓院逐渐迁往外城，并被允许公开营业。所以，男色风气渐转，八大胡同逐渐成为南方脂粉和北地胭脂聚集的"风月场"。

▲ 石头胡同

▲ 朱家胡同

到这些胡同转一转、瞧一瞧，就能发现很多青楼的遗存，朱家胡同的临春楼就是一个典型代表。这座二层小楼看上去精美别致，不仅有气派的楼门，还有精美的砖雕。院内显得十分安静，楼梯依然是古旧的木梯，走上去发出吱吱作响的声音，响声里透着几丝深邃的神秘和些许古旧的沧桑。

多|视|角|下|的|北|京|胡|同

八大胡同内妓院的等级

老北京的妓院也是分三六九等的。而作为风月场代名词的八大胡同之所以闻名中外,是因为,聚集在这里的几乎都是一等二等的高档妓院。

一等妓院主要集中在八大胡同区域的百顺胡同、胭脂胡同、韩家胡同、陕西巷、石头胡同、王广福斜街、朱家胡同、李纱帽胡同等里,也叫"青吟小班",以喝茶、宴饮、填词弄曲为主,并非只做简单的皮肉生意。一等妓院内陈设华丽,装饰讲究。"小班"内的

▲ 胭脂胡同

女子也不是简单的人物,若不是与客人情投意合,绝不肯轻易应人。

二等妓院主要集中在石头胡同,也叫"茶室",除了室内装饰简单外,设施一般都差不多。妓女从年龄、身段、修养等方面都比一等妓院的妓女逊色不少。

在八大胡同区域,也有三等和四等妓院的分布,主要散布在王广福斜街、朱家胡同、李纱帽胡同。三等妓院也叫"下处",无论是建筑外观还是室内摆设,都比二等茶室要简陋许多。至于被称为"土娼"或"小下处"的四等妓院,在八大胡同根本上不了台面。

▲ 陕西巷

八大胡同走出的名妓知多少

虽然妓女这个职业为人们所不齿，但是，为生活所迫，沦落为妓，也实属无可奈何。更何况，在这些烟花女子中还有许多颇具传奇色彩。苏三、陈圆圆、赛金花和小凤仙是八大胡同的四大名妓。

苏三原名一说郑丽春，二说周玉洁，苏州人。5岁父母双亡，后被拐卖到北京的苏淮妓院，就此改姓苏，取名苏三。长大成人的苏三亭亭玉立、花容月貌，而且聪慧好学，琴棋书画样样精通。苏三与书生王金龙曲折离奇的爱情故事是一段佳话，被明代小说家冯梦龙收入《警世通言》，流传后世。而戏曲《苏三起解》《玉堂春》等更是家喻户晓。

陈圆圆原是明末清初苏州名妓，在田畹下江南为崇祯遍寻美女时，被看中并献给崇祯皇帝。但是，劳烦于国事的崇祯皇帝无心逸乐，所以，陈圆圆被田畹占为己有。后来，被吴三桂一眼看中，纳为妾。后李自成攻入北京时，掳走陈圆圆，就有了吴三桂"冲冠一怒为红颜"引清军入关的历史。因陈圆圆曾在八大胡同居住，所以，被算作是八大胡同有名的"四大名妓"之一。

▲ 赛金花

四大名妓里最具传奇色彩的就是晚清名妓赛金花。苏州女子傅彩云（赛金花原名）原是江南一条花船上的雏妓。清光绪十三年（1887），回乡守孝的前科状元洪钧在回乡途中遇见了美丽动人的彩云，并对她一见倾心，遂纳为妾。后来，彩云陪伴洪钧出使欧洲四国，在欧洲上流社会出尽了风头，会晤过德皇威廉二世和铁血首相俾斯麦，学会了德语，游历了柏林、圣彼得堡、巴黎和伦敦。回国后的彩云在洪钧病逝后，逃到上海，后又辗转来到了北京，在八大胡同落了脚。于是，又有了她与八国联军司令瓦德西的传闻和她救国救民的那些义举。

小凤仙的闻名是缘于她与蔡锷将军那段情深意切的爱情故事。小凤仙原名朱筱凤，浙江杭州人。1913年，年仅13岁的小凤仙来到八大胡同卖唱接客做生意，因声色艺俱佳而名动京师。1920年，17岁的小凤仙与蔡锷将军结识。英雄美人缠绵悱恻成就了千古美谈。

这些美丽的女子生逢乱世，用自己的美丽与智慧谱写了一段段传奇。

▲ 小凤仙故居

| 多 | 视 | 角 | 下 | 的 | 北 | 京 | 胡 | 同 |

纪晓岚故居（晋阳饭庄）

　　纪晓岚故居位于珠市口西大街241号（陕西巷南口），是一座两进四合院，紧邻晋阳饭庄。故宅中前院的藤萝、后院的海棠，均为纪晓岚亲手栽种。里面书房家具样样齐全，红墙绿瓦两侧游廊也搭配得恰到好处。幽幽的亭廊，古朴的石砖，一派古色古香的景象。如今纪晓岚故居隶属于旁边的晋阳饭庄，在晋阳饭庄吃饭过后，就可以免费参观。

▲ 纪晓岚故居之一

▲ 《四库全书》的编纂者纪晓岚

▲ 晋阳饭庄

▲ 纪晓岚故居之二

琉璃厂片区

　　琉璃厂起源于清代,当时各地来京参加科举考试的举人大多集中住在这一带,因此在这里出售书籍和笔墨纸砚的店铺较多,形成了较浓的文化氛围。

　　琉璃厂历尽几百年的沧桑,既坚持传承着古老文化的血脉,又散发着现代文明的气息。作为广集天下书画、古玩、文房四宝的所在,琉璃厂无疑是人们寻访老北京文化的最佳去处。

多|视|角|下|的|北|京|胡|同

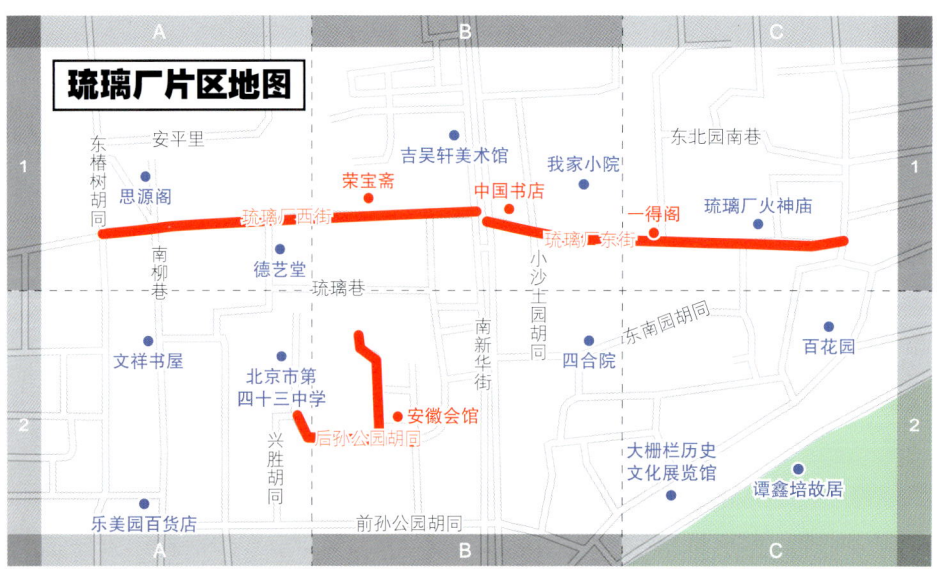

| 琉璃厂片区 |

琉璃厂西街

琉璃厂西街是琉璃厂的重要部分，其东起南新华街，西至南、北柳巷相接处，长约340米，宽约8.5米。在这条百年老街上，有着各种文化色彩浓厚的店铺，没有了这些店铺，这条老街的文化意义也就不存在了。

这些老店除了向人们兜售中国古老的传统艺术品外，也向人们兜售着那些早已远去的信念与生活方式。其实这些店铺的商品在当今社

▲ 琉璃厂西街

会的使用价值早已很有限了，人们来这里更多的是寻找一种情怀，寻找一种早已远去的精神。几百年来，只有那些有着坚忍精神的店铺才有力量穿过历史的大浪存留到今天直到未来。这些店铺在历史的烟雨中默默地保留着人们的记忆，每一点一滴的改动都是记忆的丢失，让人伤怀。仿佛人们只有在历史中才有安全感……

▲ 荣宝斋

荣宝斋

荣宝斋是中外驰名的老字号名店，主要经营笔墨纸砚和名人字画，不少作品让人叹为观止。这里的商品全都是精品，虽然价格不便宜，但非常正宗，品质极好，店里的笔、墨、纸、砚可以算得上是贡品级别。有意思的是，这里还会时不时地举办艺术展览，如果刚巧碰上，就可以大饱眼福了。

荣宝斋有哪两个绝活

荣宝斋第一项绝活就是为世人所称道的精湛的装裱、装帧和古旧破损字画修复技术。我国历史悠久，自古就保存下了许多的名人字画。但是，字画这类文物一般都是纸质的，比较脆弱，所流传下来的都有不同程度的破损。这就产生了对修复技术的需求，而荣宝斋恰恰有这方面的长处。多年来，荣宝斋的装裱艺人们以娴熟的技艺，装裱和修复了大量的古今书画艺术作品和名人墨迹，从而使这门传统技艺生出了新的光彩。

▲ 荣宝斋牌匾

荣宝斋的另一个绝活就是木版水印。木版水印字画是一种复制工艺，它集绘画、雕刻和印刷于一体，根据水墨渗透原理显示笔触墨韵，既可用以创作体现自身特点的艺术作品，也可逼真地复制各类中国字画。木版水印全部由手工操作，工艺过程极其复杂、精细而艰辛，大致需要经过选稿、勾描、刻板、印刷、装裱这5道工序。要制作完成一幅木版水印画，少则几个月，多则几年，由此足见这项技术之难。在木版水印工艺中，刻版和勾描的难度尤其大，特别是刻版，而这恰恰是荣宝斋最擅长的。

荣宝斋做的木版水印，是我国木版水印中水平最高的，做的都是大师名家的画。如果不是很懂画的人，是看不出真假的，真正达到了以假乱真的地步。

▲ 荣宝斋木板水印珍品《韩熙载夜宴图》局部

| 琉璃厂片区 |

琉璃厂东街

在大栅栏众多胡同中，最有文化底蕴的当数琉璃厂东街，街上老字号店铺鳞次栉比，无数的字画、古玩汇集于此。一座座古色古香的建筑屹立在路的两旁，仿佛一位老者向人们讲述着多彩的过往。

琉璃厂东街比较有名的店铺有中国书店、戴月轩、汲古阁、一得阁、博古斋等。

▲ 琉璃厂标识

▲ 戴月轩

▲ 博古斋

中国书店

这个书店很大，装修得古色古香。里面的书摆放得很整齐，各类图书都有，包括很多不常见的古籍。一层主要是画册，种类很丰富内容也很有趣。二楼是二手的书籍，很多老书都可以在这里找到。服务非常好，可以登记想要但店里暂时没有的书，等书来了的时候会有专门的工作人员打电话通知。即使什么都不买，只是随便走走翻翻，也是一种享受。

▲ 中国书店

▲ 中国书店内景

一得阁

"一得阁"以生产墨汁闻名遐迩,距今已有150多年的历史。大画家李苦禅先生试墨时曾赞曰:"一得阁墨汁浓度适合,墨度已足,不滞不漆,用于书画咸宜,可媲美昔年之松烟也。"大书法家启功先

▲ 一得阁及一得阁画廊

生也曾为"一得阁"题词曰:"砚池旋转万千磨,终朝碗里费几多。墨汁制从一得阁,书林谁不颂先河。"

话说清朝同治年间,湖南一个叫谢松岱的文人进京赶考,名落孙山,但事出有因:由于研墨太费时间,所以耽误了答卷。谢松岱后来想,如果能制出一种墨汁直接用于书写,既省时又省力,不就可以"一艺足供天下用"吗?!他于是选用油烟,再加上其他辅料,经过多次试验,终于制成了同墨块效果相同的墨汁。没想到一经上市,便受到文人墨客的欢迎。同治三年(1864),谢松岱在北京琉璃厂44号开设了第一家生产经营墨汁的店铺,名曰"一得阁",

并亲手书写牌匾,悬挂于门前。渐渐地,"一得阁"声誉日臻,生产、经营规模不断扩大,在天津、上海、西安、郑州等大城市先后开设分号,买卖更加兴旺。

"一得阁"墨汁采用四川高色素炭黑、骨胶、冰片、麝香和苯酚为原材料,运用传统工艺,经过精细加工而成。四川高色素炭黑色深光亮;骨胶具有托浮力,使墨着纸而不洇;冰片、麝香均为香料,清香四溢;苯酚是防腐剂,使墨汁长期贮存不腐不臭,一年四季都可使用。因此,"一得阁"墨汁具有墨迹光亮、耐水性强、书写流利、写后易干、不洇纸、永不褪色、适宜拓裱、浓度适中、香味浓厚等特点,四季适用。其墨汁分为五色,即浓、淡、干、湿、黑、或焦、浓、重、淡、清。从首创至今,"一得阁"墨汁始终保持着它的独特优点,声誉越来越高。

▲ 一得阁墨汁

| 琉璃厂片区 |

后孙公园胡同

后孙公园胡同位于西城区东北部，东起万源夹道，西连兴胜胡同。其因孙承泽花园得名。乾隆时称孙公园。光绪时称后孙公园。民国时沿用。这里以安徽会馆而著名。

▲ 后孙公园胡同

安徽会馆

位于西城区后孙公园胡同3号、25号、27号的安徽会馆是清末北京规模最大的会馆建设工程，享有"京城第一大会馆"的美誉。

孙公园是明末清初著名学者孙承泽的别墅宅第花园。清同治八年（1869）直隶总督、北洋大臣李鸿章与其兄湖广总督李瀚章及淮军诸将集资购得孙公园的大部分，建造安徽会馆。会馆于同治十年（1871）建成，建成后还两次扩建。安徽会馆与其他会馆的不同之处在于，它只接待安徽籍在职的州、县级官员和副参将以上的实权人物。

▲ 安徽会馆（后孙公园胡同3号）

安徽会馆也发生了很多著名的历史事件。著名的戏剧《长生殿》曾在安徽会馆内的戏台演出，轰动一时。康有为、梁启超曾在安徽会馆筹划维新大计。从会馆的修建、扩建到失火后重建，安徽会馆一直得到李鸿章的大力支持，他不仅3次亲自募集资金，而且还在会馆落成、重建后两次欣然提笔命词。

得到李鸿章大力支持的安徽会馆自然修建得富丽堂皇，其器宇轩昂之势，堪称京城会馆一绝。

现在的安徽会馆除花园已不复存在外，基本格局保存较好。

▲《长生殿》，洪昇著，民国十四年石印本

▲ 历史上的安徽会馆（位于后孙公园胡同）

▲ 安徽会馆（后孙公园胡同25号）

▲ 安徽会馆（后孙公园胡同27号）

宣武门片区

这一片区是传统的居民区,因而胡同中的遗存至今依然充满了古老的生活气息。与其他胡同不一样的是,这里的胡同虽然不那么气派,但却是小有小的灵气,大有大的宏伟。

多|视|角|下|的|北|京|胡|同

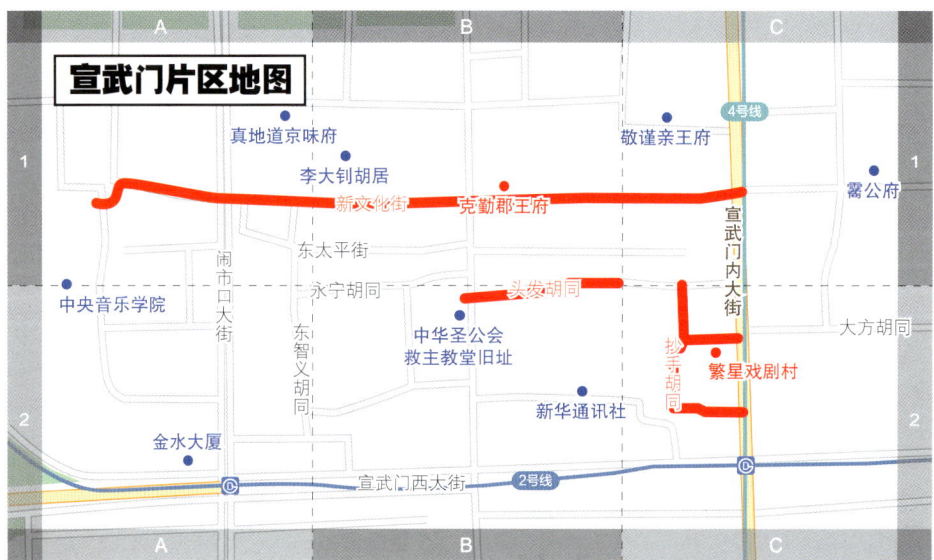

新文化街

新文化街原先叫"石驸马大街"，1969年为了纪念新文化运动而改成了"新文化街"。这是一条东西向的大街，整个街道虽然没有小胡同那样的幽深味道，但在这条大街的两侧有着很具欣赏价值的院落和建筑。

这条街上最有名的当数北京鲁迅中学（京师女子师范学堂旧址）以及克勤郡王府，这两座建筑都有着丰厚的文化底蕴和历史内涵，是新文化街最大的看点。当然，除此之外，新文化街还有一些建筑也非常不错。从宣武门内大街沿着新文化街西行不到百米，就可以看到在路北侧有一个小的支巷。这是条死胡同，里面的39号院保存得非常好，院子很大，四周为木制的二层楼，檐板仍然保存尚好，裙板、廊柱上的雕饰也十分巧妙精致。几棵大树看起来都很有年头了，却依然生机盎然，高大的树冠把整个院子笼罩成一片绿色的海洋。还有邻近闹市口的西首北侧137号院，这里曾是清朝镶红旗的都统衙门。院门上保留有4个门簪，分别留有"厚德载物"字样。最难得的是，门楼内梁柱上方的"象眼"处还有梅花等绘画。

▲ 新文化街

▲ 北京鲁迅中学（京师女子师范学堂旧址）

克勤郡王府

现在的第二实验小学,即是曾经的克勤郡王府。克勤郡王即礼亲王代善的长子,克勤郡王是死后追封的,为清初"八大铁帽子王"之一。此府是顺治年间所建,平面布局与王府规制尚符。民国后最后一代克勤郡王曼森将此府售给了知名人士熊希龄曾作为住宅,现在后寝两山墙角柱石上还留有熊希龄和夫人朱其慧将财产交由北京救济会的刻字内容。原王府外的影壁至今保存完好,大门十分气派,可惜的是,府内的建筑破坏较大,仅存东翼楼。不过王府后部的内门、寝房、后罩房至今仍保留比较完整。

▲ 克勤郡王府

▲ 克勤郡王府标识

▲ 克勤郡王府门前石狮子

▲ 克勤郡王府门前石狮子

抄手胡同

所谓抄手胡同，就是从这个口进去，绕来绕去，最后又从离入口不远的地方转回来，胡同的形状就像人的两只手抄在一起，故而得名。北京原先有好几处胡同都叫"抄手胡同"，但后来由于种种原因，大多都消失或改了别的名称。目前，北京除了白塔寺附近还有一条"前抄手胡同"之外，这里就是唯一的"抄手胡同"了。所以，这条胡同最大的价值就在于"抄手胡同"名称以及形态的保留。

抄手胡同最有名的当数64号院，这里曾是门第显赫的贝子府。而现在，朱红的大门里，老院子被翻修一新，成为国内第一家民营剧场，这就是繁星戏剧村。此外，在胡同中部有一个北向的夹道，这条夹道里还有一些西式宅门。其中的31号、33号和35号等宅院的院门大都做过西式的改建，有兴趣的朋友不妨多溜达溜达，才能更深刻地体会到老北京胡同的韵味。

▲ 抄手胡同

多|视|角|下|的|北|京|胡|同

繁星戏剧村

繁星戏剧村，是国内首家集群式剧场，坐落于北京市宣武门内大街，距宣武门地铁站仅几步之遥，紧邻西单繁华商业圈，交通、地理位置优越。戏剧村与位于东单商业圈的东方先锋剧场、蜂巢剧场等京城老牌小剧场形成东西对望的状态，基本上结束了京城戏剧场地东密西疏的尴尬局面，为京城戏剧界的繁荣发展增添了一抹亮色。繁星戏剧村拥有5个小剧场，其中200座剧场2个、150座剧场1个、80座剧场2个，能同时容纳上千名观众观看不同的话剧表演，开创了话剧演出场地的先河。剧场设计典雅别致，可见设计者的独具匠心。

▲ 繁星戏剧村小景

繁星戏剧村的剧场都比较小，但是演出质量很高，演员的演技十分了得，张力十足，角色演绎生动饱满，使人身临其境，情不自禁地就投入到了剧情和角色中，足见其功力。

▲ 繁星戏剧村

| 宣武门片区 |

头发胡同

精彩音频

　　头发胡同是北京西城宣武门内一条僻静的胡同，东口直达宣内大街，西口是佟麟阁路。这里最有名的当数 63 号，其在清代曾是翰林院的讲习所，民国时，变成了京师通俗图书馆，是辛亥革命后我国第一个面向普通民众的图书馆。1926 年，京师通俗图书馆改称京师第二普通图书馆，1927 年，又与京师第一普通图书馆合并，统称京师第一普通图书馆。后来，这里的藏书都转移到首都图书馆。目前，该院已经成为民居，不过房屋保存尚好。

　　除了书香气息浓郁的 63 号院，头发胡同的 25 号院也非常气派。其院门是典型西式的风格，门上还残留有精美的雕刻，保留最完整的是门右侧的墙雕，上面刻着两枚树叶衬托着一朵美丽的小花，非常精细生动。此外，这条胡同还有一条夹道，可直通北面的受水河胡同。夹道

▲ 头发胡同

▲ 头发胡同25号院

虽不长，但曲曲折折转了好几个弯，形状有点类似"S"。夹道内可以看到一些散落于墙边的旧石磨，这些石磨历经多年风雨，早已磨平了棱角，但极具质感，给人一种沧桑古朴的感觉。

63号院

这是一座气派的大宅院，历史文化底蕴非常深厚。清朝时这里是翰林院的讲习所，民国时被改造成京师通俗图书馆，1927年又改建为市立第一普通图书馆，也是首都图书馆的前身。当时里面的藏书很丰富，除一般经、史、子、集外，还有大量公私图书馆不收藏的通俗文艺作品，被誉为研究社会民俗的宝库。目前该院已成为民居，房屋保存尚好。原影壁位置变成了鸽房，几十只鸽子不停地飞上飞下，别有一番悠闲情趣。

▲ 头发胡同63号院

宣南片区

　　在中国的文化版图中,宣南是绕不过去的历史存在。这里见证了北京城的悠久历史,成就了盛极一时的清代士文化。

　　这里的胡同遗存充满了老北京人古老的生活气息……

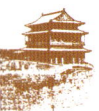

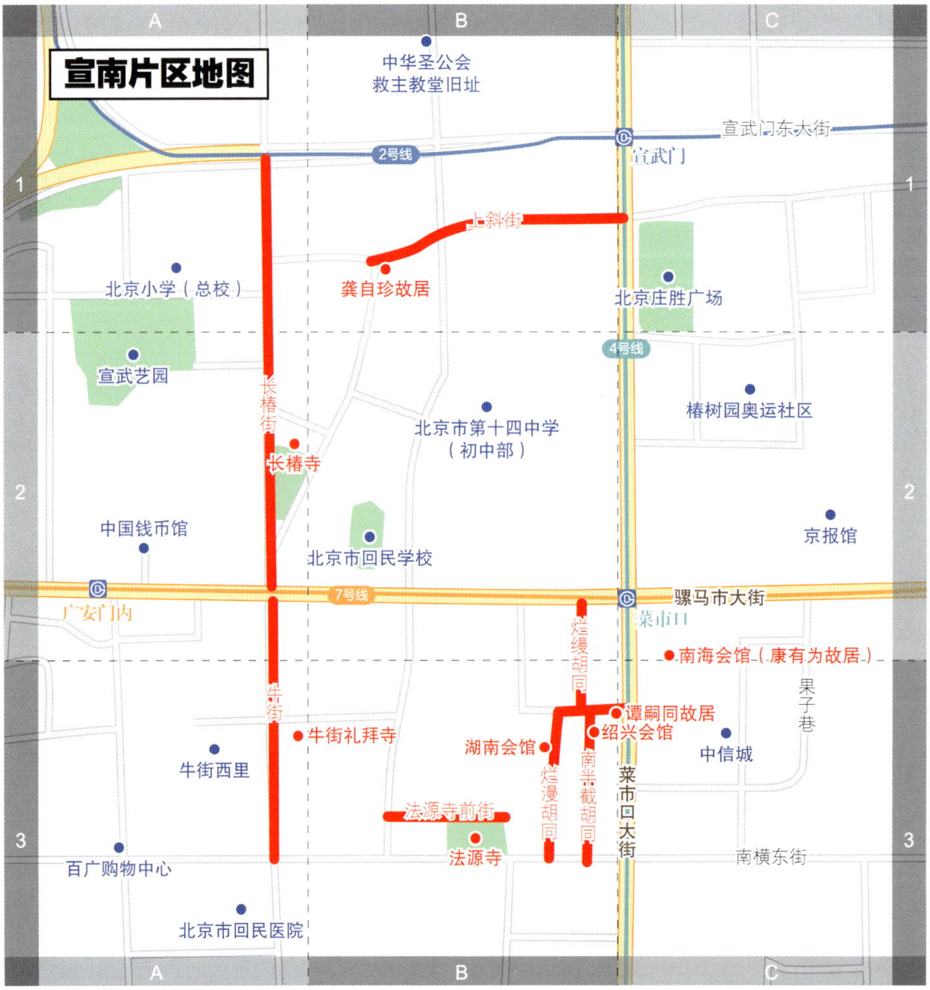
宣南片区地图
A
B
C
1
2
3
中华圣公会
救主教堂旧址
宣武门东大街
宣武门
2号线
上斜街
北京小学（总校）
龚自珍故居
北京庄胜广场
4号线
宣武艺园
长椿街
长椿寺
北京市第十四中学
（初中部）
椿树园奥运社区
中国钱币馆
北京市回民学校
京报馆
广安门内
7号线
骡马市大街
菜市口
烂缦胡同
南海会馆（康有为故居）
果子巷
牛街
牛街礼拜寺
谭嗣同故居
绍兴会馆
湖南会馆
中信城
牛街西里
法源寺前街
法源寺
烂漫胡同
南半截胡同
菜市口大街
南横东街
百广购物中心
北京市回民医院

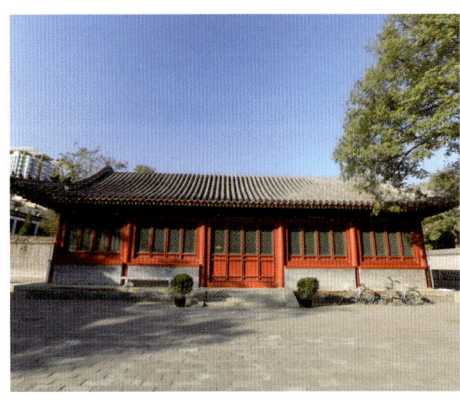

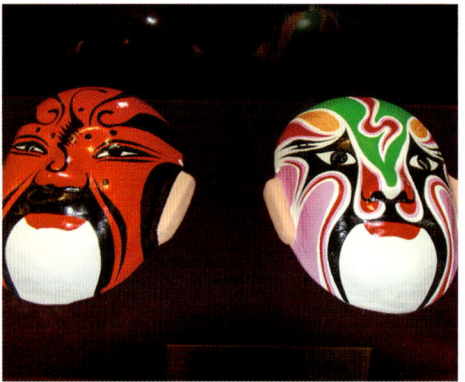

上斜街

上斜街位于西城区，东起宣武门外大街，西至下斜街。因是河流故道，不直而得名。明朝时曾称西斜街。清代为上下斜街。

该街著名景点有：三忠祠，明代天启四年（1624）敕建，道光时辟为山西会馆；广东番禺会馆，是清代爱国诗人龚自珍和维新派领袖康有为的住处；东莞新馆，是清初年羹尧生活过的地方。另外，这里还有清诗人查慎行、王楼村、顾嗣立以及民族英雄林则徐故居。

上斜街，周边会馆林立，见证了无数人进京寻梦的脚步，也串起了老北京城860多年的历史。在此，皇家文化、士子文化、市井文化交相辉映，老北京人的独特品格逐步形成。

▲ 上斜街

▲ 东莞会馆

龚自珍故居

龚自珍故居位于宣武门外上斜街50号，晚清思想家、史学家龚自珍在此住过5年。道光十一年（1831），龚自珍把这座私宅卖给了一个广东巨富潘仕成，后经潘仕成转手赠给了广东番禺同乡会，此处遂变成了后来的番禺会馆。

故居坐北朝南，为一座大型的四合院。共3进院落，另有东西跨院。前院有北房3间，两侧耳房各两间，东西厅房各3间。院内花园、戏台、假山样样具备，而且还有道光御笔的"福"字匾。

如今，番禺会馆的四周是高低不等的房屋，到处堆满了杂物，已丝毫看不到会馆的影子了。

▲ 龚自珍故居

多|视|角|下|的|北|京|胡|同

牛街

牛街是北京市西城区牛街街道内北起广安门内大街南至南横街的一段街道，有北京规模最大、历史最久、始建于北宋至道二年（996）的清真寺。因为这条街上居住的回族以及此处的牛街礼拜寺而闻名。

这里原本是一片石榴园。石榴园的居

▲ 牛街

民区简称其为榴街。因为榴街的住户多为回民，做出的牛肉又好吃，再加上"牛""榴"谐音，于是后来人们干脆改称"牛街"了。

此处的许多建筑都带有伊斯兰风格的穹顶。

牛街的清真小吃以做工考究、品种齐全、色香味美而闻名。建议你在回族的节日逛牛街，感受回族的节日风俗，品尝地道的清真小吃。

▲ 牛街礼拜寺邦克楼

| 宣南片区 |

牛街礼拜寺

牛街礼拜寺，位于西城区牛街，为国家级文物保护单位，是北京规模最大、历史最悠久的一座清真寺，居北京四大清真寺之首。牛街礼拜寺创建于辽统和十四年（996），初为辽代入仕的阿拉伯学者纳苏鲁丁所建，历经元、明、清各代扩建与重修，使其整体布局集中、严谨、对称。全寺占地面积6 000平方米，现存主要为明、清时代建筑，主要有礼拜大殿、宣礼楼、望月楼、南北碑亭、大影壁等，规模宏伟、肃穆幽深，是中国式古代宫殿和阿拉伯式清真寺相结合的产物，为我国古建筑之精品。牛街礼拜寺总平面布局很有特点，寺院平面用中轴线布局，寺门朝西，门前有砖石照壁。

牛街礼拜寺内保存着一批重要文物与碑刻，是研究伊斯兰教历史的重要资料。礼拜大殿宏伟宽敞，可同时容纳1 000多人做礼拜。南讲堂东面的两座墓为元代遗物，埋葬着两位来中国布道的阿拉伯长老，碑文字迹清晰、保存完好。

▲ 牛街礼拜寺礼拜大殿

▲ 牛街礼拜寺望月楼

多 视 角 下 的 北 京 胡 同

长椿街

长椿街是北京市的街道，原名象来街。其南北向街道，北起宣武门西大街，南至广安门内大街。

明清两朝，东南亚一些国家曾带大象来华，进贡皇帝，以示友好。明弘治八年（1495），在宣武门内西南城根设立象房和演象所，驯养大象。

每当太和殿举行盛典，象群就被牵到皇宫，站立排列于午门前御道左右，寓示吉祥，蔚为壮观。清朝沿用明朝役使大象的制度与习俗不变，但至后期，驯养大象的经费被层层克扣，大象境遇不断恶化，逐渐病饿而死，仅留下象来街的名称，后改为长椿街，因得名于长椿寺古庙。

▲ 长椿街

▲ 长椿寺（北京宣南文化博物馆）大门

长椿寺

长椿寺，位于西城区长椿街。建于明代万历二十年（1592），至今已有400多年的历史。

长椿寺是明神宗的母亲孝定李太后下令敕建，用以居水斋禅师，水斋大弟子为神宗的替修。神宗赐额"长椿"，寓意着神宗祝愿他母亲健康长寿。李太后死后人们叫她"九莲菩萨"，所以长椿寺里一直保

| 宣南片区 |

存着一幅九莲菩萨像。明代最后一个皇帝崇祯,因想念他的生母孝纯刘太后,让画家画了一张刘太后像,也挂在长椿寺内。

其山门东向,有前殿、大殿与后罩楼,虽有改建但原有建筑基本完整。2005年11月30日,依托于明代"京师首刹"——长椿寺而建的宣南文化博物馆正式对外开放。

▲ 长椿寺(北京宣南文化博物馆):士人佳话,访书结缘

▲ 长椿寺(北京宣南文化博物馆)展品:天桥八大怪之一——盆秃子

▲ 长椿寺(北京宣南文化博物馆)展品:天桥八大怪之一——赛活驴

法源寺前街

法源寺前街位于牛街地区东南部，东起西砖胡同，西至教子胡同，呈东西走向，长282米，均宽4.2米。由于法源寺坐落此地，因此寺前的胡同称为法源寺前街，寺后的胡同称为法源寺后街。清时称白帽胡同，清宣统年间改称今名。

▲ 法源寺天王殿

法源寺

法源寺位于北京宣武门外教子胡同南端东侧，建于唐太宗贞观十九年（645），是北京最古老的名刹。唐时为悯忠寺，清雍正时重修并改为今名。1956年在寺内成立中国佛学院，1980年又于寺内建立中国佛教图书文物馆，是中国佛教协会所属的宗教类博物馆。

法源寺是唐贞观十九年唐太宗李世民为纪念跨海东征中死难的将士而建的一座寺庙。寺还没有建成，李世民便去世了。经高宗李治、武则天多次降诏后，寺院于武后万岁通天元年（696）建成，命名为"悯忠寺"。经过历朝历代的不断毁圮重修，于清代改名为法源寺。

▲ 法源寺毗卢殿

法源寺规模宏大，结构严谨，采用中轴对称格局，由南至北依次有山门、钟鼓楼、天王殿、大雄宝殿、悯忠台、净业堂、无量殿、大悲坛、藏经阁、大遍觉堂、东西廊庑等，共7进6院，是北京城内历史最为悠久的古寺庙建筑群。

法源寺清幽静谧，是一处难得的修身养性的净地。

| 宣南片区 |

烂缦胡同

精彩视频

烂缦胡同位于今西城区辖内，北起广安门内大街，南至南横西街，在唐辽时期正处于城东垣护城河的位置。明朝时，这里成为一条正式的街道，叫作"烂面胡同"。据说此名与离胡同不远的菜市口刑场有关。行刑前，厨子要给犯人做一碗面条吃。为了不耽误午时开斩，这碗面条就要被做得烂烂的，以便犯人能快些吃完。

《光绪顺天府志》中记载："烂面胡同亦称懒眠。""懒眠"估计也是根据"烂面"之名谐音而来。

清朝末年，这条胡同改名为烂缦胡同。"烂缦"与"烂熳""烂漫"是一个意思，本意为光彩四射。那时，胡同内西有水月庵，东有广仁堂，还有济南、元宁、常昭诸会馆，是文人、商人聚集之地。想必是终于有哪个文人发觉"烂面"一词不够雅致，才将胡同改了名。至今，这里仍沿用"烂缦胡同"这个名字。

湖南会馆

湖南会馆为湖南学子进京赶考安歇之处，位于西城区烂缦胡同101号。其前身是谭嗣同父亲谭继洵等在京湘籍官员于同治

▲ 烂缦胡同

| 多 | 视 | 角 | 下 | 的 | 北 | 京 | 胡 | 同 |

十一年（1872）在北半截胡同购置的一座作为湖南合省公产的官房。光绪十三年（1887）八月，在京湘籍官员又在菜市口朝南的烂缦胡同内购房一所，设"湖南会馆"。湖南会馆创立之时，是来京应试的湖南籍举子、京官及候选人员的住宿的地方。民国年间，成为湖南籍革命志士活动的场所。1920年，毛泽东来到北京，就是居住在湖南会馆，并且在这里召开了上千人参加的"湖南各界驱逐军阀张敬尧大会"。中国共产党的创始人之一李大钊曾在这里发表过演说。1923年，罗荣桓元帅曾在湖南会馆就读。

湖南会馆没有像其他大多数会馆一样变成大杂院，而是被保留完好，成了烂缦胡同的幼儿园。

▲ 为抗议皖系军阀张敬尧在湖南的统治，湖南掀起"驱张"运动。1919年12月，毛泽东率驱张代表团到北京，多次在北大商议驱逐办法。图为他与"辅社"成员在陶然亭慈悲庵门口的合影

▲ 湖南会馆

菜市口因何得名

辽代时,菜市口是安东门外的郊野;金代时,这里是施仁门里的丁字街。到了明朝,由于此地位置优越,人流比较大,比别处热闹许多,人们便在此做起了蔬菜生意。渐渐地,菜市兴隆起来,成为京城最大的蔬菜市场,多种多样的菜摊、菜店沿街分布。许多人都来此买菜,并把菜市最集中的街口称为"菜市街"。清代时,改称"菜市口",一直沿用至今。

因为北京胡同众多,所以街口也就有很多。当然,名气最大的街口当数菜市口。在清代,菜市口是杀人的法场,其位置大约在今西城区菜市口百货商场附近。在历史上有不少名人被斩首在这里。比如1861年,受咸丰皇帝遗诏的八位赞襄政务大臣中的肃顺就在此被杀;1898年,"戊戌六君子"谭嗣同、林旭、杨锐、杨深秀、刘光第、康广仁等也被杀害于此。

▲ 在菜市口被问斩的"戊戌六君子"浮雕

其实,人们经常会在戏文中听到"推出午门斩首"的唱词。这里的"午门"指的就是拉到菜市口砍头,俗称"出红差"。

清朝时,政府将杀人的刑场从明朝时的西市(今西四牌楼)移至宣武门外的菜市口。这是菜市口名声大振的主要原因。那时每到冬至前夕,政府就会在此对"秋后问斩"的死囚执行死刑。在天亮前,死囚被推入囚车,经过宣武门走宣外大街,最后到菜市口。斩首时,囚犯从东往西排好,刽子手手执鬼头刀也依次排列。当囚犯的头被砍下来后,通常被挂在或插在街中的木桩子上示众。后来,"菜市口"逐渐

▲ 菜市口刑场待问斩的囚犯

成为"刑场"的代名词。1912年,中华民国成立,清王朝覆灭,刑场被转移。新中国成立后,这一带逐渐成为宣外大街最繁华的商业街和交通枢纽。

在菜市口附近,过去有一家西鹤年堂药店。据说,当时凡是进京的人,都要到这家药店去瞻仰一番。清代时,菜市口刑场监斩官的高座位,常设于西鹤年堂店门口。通常而言,它的形式为:上搭一席篷,下放一长方桌子,桌上摆朱墨、锡砚和锡制笔架,笔架上搁放几支新笔。一般有几个犯人,公案上的笔便要预备几支。这是因为每杀一个人,刽子手提上头来,监斩官就照例用朱笔在犯人头上点一个红点。然后,因为传说这种笔可以压邪驱魔,所以就会被别人出许多钱买去。也就是说,一个犯人用一支笔,刽子手和差役们就可以借此生财了。

鹤年堂的来历

北京鹤年堂成立于明永乐三年（1405），由元末明初著名诗人、医学养生大家丁鹤年创建。鹤年堂原址坐落在现西城区菜市口大街铁门胡同迤西路北，骡马市大街西口，与丞相胡同相对，与回民聚居的牛街相邻。鹤年堂是真正的"老北京"字号，比故宫和天坛要早15年，比地坛要早125年。

丁鹤年，号友鹤山人，博学多识，精通诗律，是元末明初很有影响的诗人。其出身于元朝皇封贵族，世代精通回汉医学和养生

▲ 民国时期的鹤年堂门面

学。其祖父曷老丁以"善药食（药膳），长乐饮（保健药汤）"而闻名于大都。他秉承家风，深得回汉医药之精髓、养生之真谛，创建养生鹤年堂，在中医药养生领域建树颇丰；自身虽屡经磨难，仍鹤发童颜，90岁高龄才驾鹤西游。鹤年堂养生法传承600年，久而不衰，成为真正的养生老字号，中华第一家。

丁鹤年还是一位大孝子，以73岁高龄为母守灵达17载，直到90岁去世。从小所受的各种磨难以及瘟疫的肆虐、疾病的流行，让他坚定了"不为良相，只做上医鸿儒"的志向。他一路行医治病的同时，游历名山大川，拜访名人圣士，探讨养生之法，积累了许多民间验方、单方，收集了许多民间中草药。这些为他日后创办鹤年堂，开创独具特色的养生理论打下了基础。

▲ 鹤年堂小药坛子及药杵

永乐三年，丁鹤年游历北京时，在回族人聚居地牛街附近的菜市口，创建鹤年堂，并以自己的名字命名，内含《淮南子·说林》中"鹤寿百岁，以极其游"的意思，亦取汉族民俗"松鹤延年"之意。

鹤年堂以养生立店，充分地发挥了中医药的作用，效果显著，受到各朝皇亲国戚、名人圣士及庶民百姓的推崇。其现存的匾额也都是来历不凡：如悬挂于正堂的"鹤年堂"匾额，相传是由权倾明朝的首辅（后来成为奸臣）严嵩亲笔手书；在此匾两侧悬挂的"调元气""养太和"牌匾，是抗倭英雄戚继光亲笔……

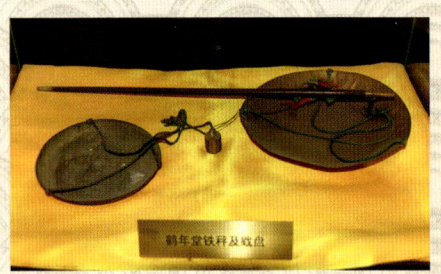
▲ 鹤年堂铁秤及戥盘

| 宣南片区 |

南半截胡同

南半截胡同位于西城区菜市口以南，北与北半截胡同相连，南至南横西街，东西分别与菜市口胡同和烂缦胡同相邻。其长 385 米，宽 4.2 米。

南半截胡同由于其长度为南北纵向的街道的一半而得名。胡同形成于明朝年间，称为半截胡同，清朝时，改称南半截胡同至今。

▲ 南半截胡同

绍兴会馆

现在的南半截胡同 7 号是一处十分破旧的院落，但是，每天来这里参观、瞻仰、凭吊的人却是络绎不绝。其之所以有如此吸引力，与鲁迅先生曾居住于此有关。

这座小院就是绍兴会馆，是鲁迅在北京居住过的地方，并且他一住就是 7 年。

绍兴会馆始建于清道光六年（1826），原名山阴会稽两邑会馆，主要招待山阴、会稽两县进京赶考的举人。科举制度废除后，就改为绍兴会馆。馆内建筑都用很文雅的名字来命名，有"仰级堂""涣文萃福之轩""藤花别馆""绿竹舫""嘉阴堂""补树书屋""贤阁""怀旭斋""一枝巢"等。

1912 年 5 月鲁迅先生第一次来北京时，就住在"藤花别馆"，1916 年 5 月又迁入了"补树书屋"居住。正是在这间"书屋"，鲁迅先生写下了《狂人日记》《孔乙己》《药》《一件小事》等著名小说。

▲ 历史上的绍兴会馆

▲ 绍兴会馆

多|视|角|下|的|北|京|胡|同

北半截胡同

北半截胡同，北起广安门内大街，南至南半截胡同和菜市口大街。因胡同长度仅为全部街巷之半而得名。

北半截胡同成巷于明代，当时统称半截胡同。当时，半截胡同俗称"绊脚胡同"，这是因为与原菜市口一带曾作为杀人刑场有关而称之。所谓绊脚胡同是人们对死刑犯忌讳而言的，是一种迷信说法。清末时期划分为南、北半截胡同，并沿用至今。

▲ 北半截胡同

北半截胡同41号为浏阳会馆，"戊戌六君子"之一的谭嗣同曾居住于此。2002年初危房改造，北半截胡同被全部拆除。

谭嗣同故居

北半截胡同41号，原浏阳会馆，是谭嗣同1898年在京时的住所。

浏阳会馆现存正房5间，北面两间为谭嗣同的当时居所。前面的院子里被低矮的建筑挤得只剩小道，高大的屋宇仍一望可见。门户紧闭的北面一间，就是谭嗣同的"莽苍苍斋"。他的许多诗文、信札都是在这里写成。

慈禧发动政变后，搜捕维新志士，国内外友人劝其逃往海外，但谭嗣同决心以身殉法，唤醒国人。1898年9月24日谭嗣同在浏阳会馆被捕，随后被杀害于菜市口。

▲ 谭嗣同故居

▲ 谭嗣同

| 宣南片区 |

米市胡同

精彩音频

　　米市胡同位于西城东南部，北起骡马市大街，南至南横东街。米市胡同形成于明朝，当时这里有米粮集市，形成街道，故而得名，一直延续至今。清以来许多官僚、文人居住于此，如王崇简、王熙、潘世恩、潘祖荫、曹秀先、徐宝善等。胡同43号是以前的南海会馆，即康有为故居。

南海会馆（康有为故居）

　　米市胡同43号便是原来的南海会馆，也是当年康有为筹划维新变法的地方。故居门外的两个石门礅基座的花纹依然栩栩如生，上面还雕刻了一只神龙活现的小狮子，不过其中的一个门墩上雕刻的小狮子已经无迹可寻。故居内的小跨院中有七棵树，这里便被称为"七树堂"。康有为来京参加会试直至1898年戊戌变法失败，都曾在这里居住。如今故居内尚存重要石刻《南海会馆碑记》等，这里也被列为北京市重点文物保护单位。

▲ 康有为

▲ 历史上的南海会馆（康有为故居）

参考书目

[1] 黎晓宏. 胡同街巷/老北京述闻 [M]. 北京：北京出版社，2021.

[2] 马晓冬. 胡同儿里的溜达 [M]. 北京：中国书籍出版社，2021.

[3] 马玲. 北京胡同 [M]. 北京：世界知识出版社，2020.

[4] 班宏跃. 老北京有意思：胡同八百年 [M]. 北京：北京日报出版社，2020.

[5] 李明德. 北京胡同文化之旅 [M]. 北京：中国城市出版社，2019.

[6] 王越. 胡同里的北京 [M]. 北京：工人出版社，2019.

[7] 贾一凡，武金生. 胡同·印象（第2版）[M]. 北京：清华大学出版社，2018.

[8] 王佳桓，段柄仁. 北京老城区的胡同（京华通览）[M]. 北京：北京出版社，2018.

[9] 翁立，丁幼华. 北京的胡同 [M]. 北京：中华书局，2017.

[10] 首都博物馆，北京市档案馆. 北京的胡同四合院 [M]. 北京：北京燕山出版社，2012.

[11] 张清常. 胡同及其他 [M]. 北京：北京语言大学出版社，2004.

图书在版编目（CIP）数据

多视角下的北京胡同 / 魏光奇主编. -- 北京：旅游教育出版社，2021.12
ISBN 978-7-5637-4335-3

Ⅰ．①多… Ⅱ．①魏… Ⅲ．①胡同－介绍－北京 Ⅳ．①K921

中国版本图书馆CIP数据核字(2021)第245280号

多视角下的北京胡同

魏光奇　主编

丁海秀　执行主编

策　　划	丁海秀　李荣强
责任编辑	陈　志
出版单位	旅游教育出版社
地　　址	北京市朝阳区定福庄南里1号
邮　　编	100024
发行电话	（010）65778403　65728372　65767462（传真）
本社网址	www.tepcb.com
E-mail	tepfx@163.com
排版单位	北京旅教文化传播有限公司
印刷单位	北京利丰雅高长城印刷有限公司
经销单位	新华书店
开　　本	889毫米×1194毫米　1/16
印　　张	19.25
字　　数	205千字
版　　次	2021年12月第1版
印　　次	2021年12月第1次印刷
定　　价	98.00元

（图书如有装订差错请与发行部联系）